왜? 예수님은 구원자인가? 확실한 증거

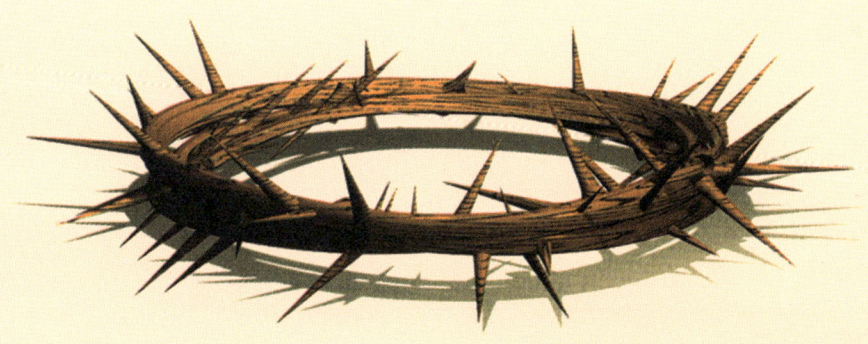

왜? 예수님은 구원자인가?
확실한 증거

■ 하지혜 · 글 그림 ■

두레

최후의 만찬
the lord's supper

"또 떡을 가져 감사 기도 하시고 떼어 그들에게 주시며 이르시되 이것은 너희를 위하여 주는 내 몸이라 너희가 이를 행하여 나를 기념하라 하시고 저녁 먹은 후에 잔도 그와 같이 하여 이르시되 이 잔은 내 피로 세우는 새 언약이니 곧 너희를 위하여 붓는 것이라"

(누가복음 22장 19~20절)

"우리가 아직 죄인 되었을 때에 그리스도께서 우리를 위하여 죽으심으로 하나님께서 우리에 대한 자기의 사랑을 확증하셨느니라" (로마서 5장 8절)

1부　인생과 종교 ··· 10

| 여는 글 | 나는 누구인가? ··· 11

1. 나그네 인생 ··· 15
2. 고독한 인생 ··· 21
3. 죄 많은 인생 ·· 28
4. 거짓되고 부패한 마음 ·· 33
5. 슬픔과 고통의 삶 ··· 42
6. 삶과 죽음 ·· 50
7. 육체 밖에서 하나님을 보리라 ··································· 58

2부　왜 예수님은 구원자인가? ····························· 64

| 여는 글 | 역사의 중심이신 예수님 ······························ 65

1. 육신으로 오신 하나님 ·· 68
2. 예언 따라 오신 예수님 ··· 72
3. 죄인을 찾으러 오신 예수님 ····································· 80
4. 세상 죄를 지고 가는 하나님의 어린 양 ······················ 86
5. 부활하신 예수님 ·· 94
6. 영원한 속죄, 완전한 구원 ······································ 108
7. 참사랑이란 무엇인가? ··· 112

| 맺는 글 | 귀한 만남 예수 그리스도 ···························· 119

제 ① 부

인생과 종교

"나온 바 본향을 생각하였더라면 돌아갈 기회가 있었으려니와 그들이 이제는 더 나은 본향을 사모하니 곧 하늘에 있는 것이라"
(히브리서 11장 15~16절)

①부 여는 글

나는 누구인가?

인생을 살아가다 보면 가끔씩 우리는 깊은 생각에 잠겨 풀리지 않는 해답을 얻어 보려고 오랜 시간을 애쓰고 방황할 때가 있습니다. 바로 「나는 누구인가?」 하는 것이지요. 나는 왜 이 땅에 태어났을까? 나는 또 어디서 왔다가 어디로 가는가? 이런 수수께끼 같은 문제들은 우리네 마음을 적잖이 번뇌케 하고 혼란스럽게 하는 경우가 종종 있습니다. 그러나 생각을 하면 할수록 문제에 대한 답을 얻기는커녕 도리어 우리를 더욱 더 깊은 미로 속으로 빠져들게 합니다. 노르웨이의 철학자 '요슈타인 가아더' 는 '소피의 세계라는 철학탐구소설을 써서 이 시대의 베스트셀러가 되기도 했지요. 그 두툼한 철학소설 역시도 이 같은 근본적인 질문으로부터 시작됩니다. 이 아름다운 자연은 어디로부터 왔을까? 사람! 너는 누구인가? 마치 무대 위의 주인공처럼 살아가고 있는 사람의 존재목적과 가치는 무엇인가? 어디로부터 와서, 무엇을 위해 살고 또 어디로 가는가? 라는 질문으로 그 유명하다는 책 또한 시작됩니다.

역사가 시작된 이래 수많은 사람들이 이 근본적인 문제를 인간들 스스로의 힘으로 해결해 보려고 오랜 시간을 무던히도 애쓰고 노력해 보지만 결국에는 끝없는 질문 속에 물음표(?) 만을 만들에 낼뿐 어느 누구도 이 문제에 대한 분명한 해답을 제시하지 못합니다. 왜 사람들은 그토록 애를 쓰면서도 이 문제에 대한 답을 찾지 못하는 것일까요? 혹시 엉뚱한 곳에서 답을 찾으려고 애쓰고 있는 것은 아닐까요…?

출생의 비밀도 자신을 낳아준 부모가 알려주지 않으면 알 수 없듯이 내가 누구이고, 나의 존재 가치는 무엇이며, 삶의 목적이 무엇인가를 알기위해서는 반드시 우리는 우리에 근본을 아시는 하나님께 여쭤볼 때만이 비로소 그 해답을 얻을 수가 있습니다, 거울을 통해서 내 모습을 보듯이 이 문제 또한 하나님의 말씀인 성경(bible)을 통해서만이 절대 가능한 것이지요.

　　왜냐하면 하나님의 계시(啓示)로 기록된 성경만이 이 모두에 대한 명쾌한 답을 제시해 주고 있기 때문입니다.

　　"너희는 여호와의 책에서 찾아 읽어 보라 이것들 가운데서 빠진 것이 하나도 없고 제 짝이 없는것이 없으리니 이는 여호와의 입이 이를 명령하셨고 그의 영이 이것들을 모으셨음이라"　　　　　　　　　　　　　　(이사야 34장 16절)

　　기독교신앙은 이런 모든 문제들에 관해서 다른 그 어떤 종교나 철학, 사상과 달리 매우 명백하고도 확고한 견해를 가지고 있습니다. 그것은 곧 천지를 지으신 하나님께서 바로 성경의 저자이시기 때문입니다. 이제 성경 앞에서 내 모습을 비춰 본다면 마치 맑고 투명한 가을하늘처럼 자신의 모든 것이 선명하게 드러나게 될 것입니다. 더 이상 세상유혹에만 이끌려 막연한 삶을 살아갈 것이 아니라 내가 진정 이 땅에서 찾고 얻어야 할 가장 귀하고 소중한 것이 무엇인가를 이제라도 성경을 통해서 발견할 수 있는 지혜로운 우리 모두가 되어야 하겠습니다.

　　"너희 중에 누구든지 지혜가 부족하거든 모든 사람에게 후히 주시고 꾸짖지 아니하시는 하나님께 구하라 그리하면 주시리라"　　　　　　　　　　　(야고보서 1장 5절)

　　과거의 기억을 상실한 채 내가 누구인지, 자신이 타국에서 죄인 된 몸으로 나그네 되어 살아가고 있으면서도 내가 왜 이곳에서 살아가야 하는지, 나는 또 죽어서 어디로 가게 되는지, 그

    이유조차도 알지 못한 채 마치 망망한 바다 위를 떠다니는 작은 돛난배와도 같이 하루하루를 막연함 속에서 무의미하게 살아간다면 이 얼마나 답답하고 지루한 삶이 되겠습니까.

    "그들이 나온 바 본향을 생각하였더라면 돌아갈 기회가 있었으려니와 그들이 이제는 더 나은 본향을 사모하니 곧 하늘에 있는 것이라"   (히브리서 11장 15~16절)

    사람이 자신의 진정한 가치와 존재 목적을 알지 못할 때 그것은 마치 캄캄한 어둠속을 헤매는 것과도 같고, 따라서 나 자신이 얼마나 귀한 존재인가 하는 사실조차도 깨닫지 못한 채 눈에 보이는 육신적인 쾌락만을 추구하며 짐승같이 살다 결국은 어느 한순간 덧없이 일생을 마치게 됩니다. 분명한 나의 존재목적과 가치를 깨닫게 될 때 비로소 지금껏 느끼고 경험해 보지 못했던 진정한 마음에 평안과 참다운 자유를 누리게 되고 희망이 넘쳐나는 축복된 삶을 살게 되는 것입니다.

    "진리를 알지니 진리가 너희를 자유롭게 하리라"   (요한복음 8장 32절)

    "평안을 너희에게 끼치노니 곧 나의 평안을 너희에게 주노라 내가 너희에게 주는 것은 세상이 주는 것 같지 아니하니라 너희는 마음에 근심하지도 말고 두려워하지도 말라"   (요한복음 14장 27절)

1. 나그네 인생

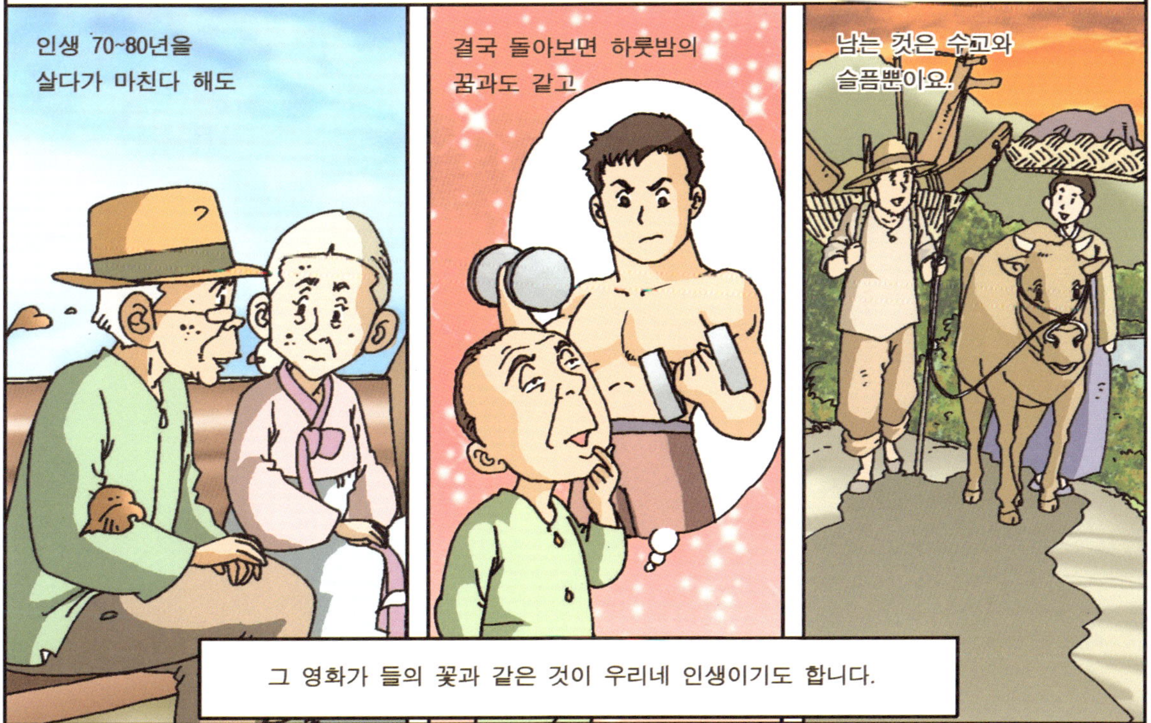

피었던 꽃이 한순간에 떨어지듯 젊음 또한 잠시요.

시간이란 굴레 속에서 우리네 인생은 그렇게 바람과 같이 지나갑니다.

시편 144편 5절 "사람은 헛것 같고 그의 날은 지나가는 그림자 같으니이다"

옛말에 "생야난보백년신(生也難保百年身)"이라는 말이 있습니다. 이 말은 인간이 살아있을 때 자기 몸을 백년을 보존할 수가 없다는 뜻입니다.

시작이 있으면 끝이 있듯이 우리네 인생 또한 그러합니다.

태어날 때가 있으면 반드시 죽을 때가 있는 것이지요.

인간은 정해진 시간만큼만 살도록 허락되어진 존재이기 때문입니다.

시편 39편 5절(후반절) "나의 일생이 주 앞에는 없는 것 같사오니 사람은 그가 든든히 서 있는 때에도 진실로 모두가 허사 뿐이니이다"

성경에서는 우리네 인생을 가리켜 「외국인」 또는 「나그네」라고 증거해주고 있습니다.
(창47:8~9, 시119:54)

결국 나그네라는 말속에는 이미 이 땅이 진정한 우리에 고향이 아니라는 뜻이 담겨 있기도 한 것이지요.

히브리서 11장 13~14절
"또 땅에서는 외국인과 나그네임을 증언하였으니 그들이 이같이 말하는 것은 자기들이 본향 찾는 자임을 나타냄이라"

이 땅에 살고 있는 우리 모두는 죄인 된 몸으로 잠시 타국에 나와

외국인과 나그네의 힘겨운 삶을 살아가고 있는 것입니다.

우리가 돌아가야 할 진정한 나의 본향(本鄕)은 이 땅이 아닌

바로 하늘에 있는 영원한 하나님의 나라라는 사실을 꼭 기억해야 하겠습니다.

히브리서 11장 15~16절
"그들이 나온 바 본향을 생각하였더라면 돌아갈 기회가 있었으려니와 그들이 이제는 더 나은 본향을 사모하니 곧 하늘에 있는 것이라"

2. 고독한 인생

때로는 고독을 견디지 못해
삶을 포기하는 분들도 더러는 있습니다.

그러기에 누군가는 고독을 가리켜
죽음에 이르는 병이라고도 말을 했지요.

누구인들 죽는 것이 달가우며 고독이
반가울 수가 있겠습니까.

피할 수만 있으면 어떻게든 피해보련만
그럴 수가 없기에

한평생 고독을 마치 숙명처럼 끌어안고 살아가는 것이지요.

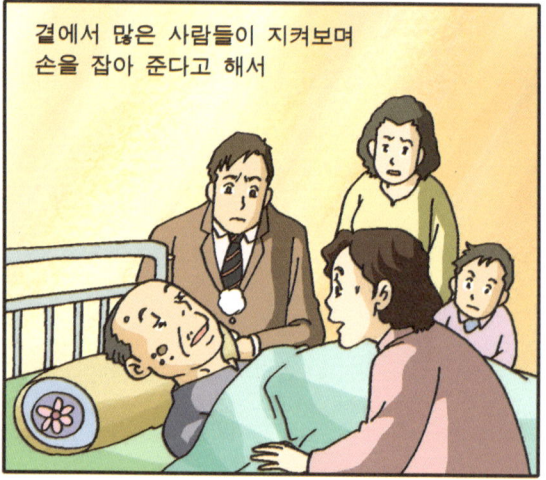

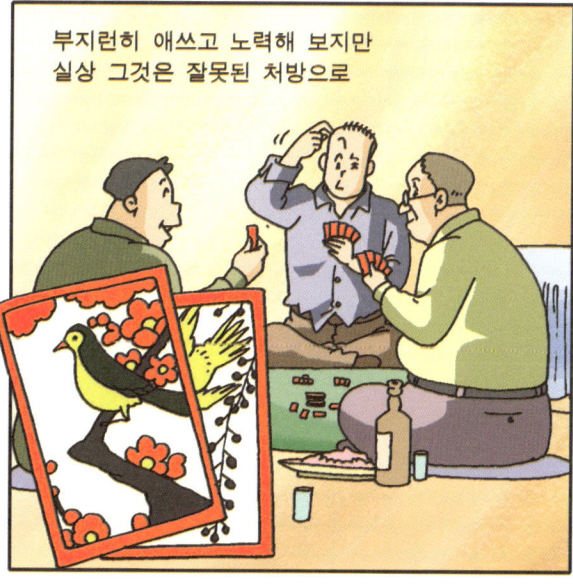

요한복음 1장 12절
"영접하는 자 곧 그 이름을 믿는 자들에게는 하나님의 자녀가 되는 권세를 주셨으니"

고독한 인간이 절대자를 만나 고독이란 불치병을 치유 받을 수 있다면 고독은 오히려 「생명에 이르게 하는 희망적인 병」이 될 수도 있지 않을까요. 그러기에 누군가는 「밝은 절망」도 있다는 의미 있는 화두를 던진 것이 아닌가 싶습니다.

"그런즉 누구든지 그리스도 안에 있으면 새로운 피조물이라 이전 것은 지나갔으니 보라 새 것이 되었도다" (고린도후서 5장 17절)

이제 당신께서도 모든 짐을 그분 앞에 내려놓으십시오. 모든 어려움과 고통을 그분께 맡겨 보십시오. 그리스도와 함께 할 때 당신 또한 진정한 자유와 쉼을 얻게 될 것입니다.

"수고하고 무거운 짐 진 자들아 다 내게로 오라 내가 너희를 쉬게 하리라" (마태복음 11장 28절)

요한복음 8장 12절
"예수께서 또 말씀하여 이르시되 나는 세상의 빛이니 나를 따르는 자는 어둠에 다니지 아니하고 생명의 빛을 얻으리라"

3. 죄 많은 인생

인생이란 마치 죄(罪)를 구슬처럼 꿰어서 끌고 가는 것과도 같습니다.

일생을 온통 죄를 물 마심같이 하며 살아가는 것이지요.

욥기 15장 16절
"하물며 악을 저지르기를 물 마심 같이 하는 가증하고 부패한 사람을 용납하시겠느냐"

아이가 태어나면 누가 가르쳐주지 않아도 말을 배우기가 무섭게 거짓말을 시작합니다. 스스로 주위를 살피며 눈치를 보지요.

누가 나를 좋아하고 누가 나를 싫어하는지,

누가 좋고 누가 싫은지, 누가 나보다 더 잘 되는지

자기도 모르는 사이에 시기와 질투와 미움이 싹트게 됩니다.

자라면서 교육을 받으면 죄 또한 고상하게 발달이 되고

외국이라도 나가서 교육을 받고 돌아오면

죄를 짓는 것도 제법 고급스러워 집니다.

교양 있는 부모 밑에서 자란 아이들은 자신을 통제하는 능력이 조금은 나은 편이지요.

죄를 지으면 인격에 손상이 온다는 것도 알고 법에 저촉이 된다는 사실도 잘 압니다.

그러기에 억제할 부분과 억제 못할 부분을 잘 감추며 살아갑니다.

그러나 인성교육을 받지 못하고 자란 아이들은 상대적으로

억제 할수 있는 힘이 부족해 때로는 죄성이

있는 그대로 노출되기도 합니다.

이 땅에 사는 동안 우리는 반드시 이 죄에 대한 문제를 해결하지 않으면 안됩니다.

하나님의 실체이시고 참 형상이신 그리스도를 통해서 죄사함을 받고 영생을 얻는 것이

우리가 이 세상을 살아가는 존재 이유이고 목적이기 때문입니다.

요한복음 3장 16절
"하나님이 세상을 이처럼 사랑하사 독생자를 주셨으니 이는 그를 믿는 자마다 멸망하지 않고 영생(永生)을 얻게 하려 하심이라"

만일 그 목적을 이루지 못한다면 예수님께서 유다에게 말씀하신 것같이 "그 사람은 차라리 나지 아니하였다면 제게 좋을 뻔하였느니라"(막14:21)라고 하신 말씀이

본인 자신에게도 응하게 될 것이며 하나님의 무서운 심판 또한 결코 피할 수 없을 것입니다.

시편 130편 3절
"여호와여 주께서 죄악을 지켜보실진대 주여 누가 서리이까"

4. 거짓되고 부패한 마음

성경에서는 만물보다 거짓되고 심히 부패한 것이

사람의 마음이라고 알려주고 있습니다.

예레미야
17장 9-10절

"만물보다 거짓되고 심히 부패한 것은 마음이라 누가 능히 이를 알리요마는 나 여호와는 심장을 살피며 폐부를 시험하고 각각 그의 행위와 그의 행실대로 보응하나니"

인간의 마음 속 깊이 감춰져 있는 더럽고 악한 죄성을 보고 계시는 하나님께서는 인간을 가리켜 「벌레인 사람」 심지어는 「구더기 인생」이라고 까지 말씀해 주고 계십니다.

욥기
25장 5-6절

"보라 그의 눈에는 달이라도 빛을 발하지 못하고 별도 빛나지 못하거든 하물며 구더기 같은 사람, 벌레 같은 인생이랴"

사람들은 나 자신이 얼마나 거짓되고 부패한 존재인지 잘 인식하지 못한 채 살아갑니다. 거짓말을 밥 먹듯 하면서도 나는 진실하다고 말합니다. 마치 법이 없어도 살듯이 그럴듯한 말로 자신을 포장하지요.

잠언
12장 22절

"거짓 입술은 여호와께 미움을 받아도 진실하게 행하는 자는 그의 기뻐하심을 받느니라"

말로 떡을 하면 조선팔도가 먹고도 남는다는 말이 있습니다.

하룻밤에도 고래 등 같은 기와집을 수만 채도 지을 수가 있지요.

이렇듯이 사람은 입술로는 그럴듯하게 말들을 하지만 실상 그 마음에는 일곱 가지의 가증한 것이 있다고 성경은 지적하고 있습니다.

잠언 26장 24-25절

"원수는 입술로는 꾸미고 속으로는 속임을 품나니 그 말이 좋을지라도 믿지 말 것은 그 마음에 일곱 가지 가증한 것이 있음이니라"

사람이 지닌 일곱 가지 가증한 것들을 짐승에 비유한다면

공작, 염소, 돼지, 뱀, 표범, 개구리, 거북이 등으로 비유할 수가 있습니다.

　첫째는 공작새 같은 마음으로 인간의 교만한 마음, 으스대고 뽐내는 마음, 자기를 높이고 자랑하려는 마음을 가리킵니다.

　"교만은 패망의 선봉이요 거만한 마음은 넘어짐의 앞잡이니라" (잠언 16장 18절)

　둘째는 염소 같은 마음으로 고집과 음란함을 가리킵니다. 실상 염소의 눈을 자세히 들여다보면 무척이나 음흉해 보이는 것을 느낄 수가 있습니다. 고집 또한 대단해서 염소가 도리어 주인을 끌고 가려고도 하지요 그러기에 고집이 센 사람을 가리켜 흔히 「염소고집」같다고도 말들을 하는가봅니다.

　성경에서도 하나님께 복 받을 자들을 양으로, 저주받을 자들을 염소로 비유하고 있습니다. (마25:31~46) 우리는 이제라도 염소와 같은 못된 성격을 버리고 오직 어린 양 되신 예수 그리스도를 본받아 믿고 따르는 가운데 스스로 자신을 낮춰 나보다 이웃을 아끼고 사랑하며 배려할 줄 아는 겸손한 그리스도인이 되어야 하겠습니다.

셋째는 돼지 같은 마음으로 욕심과 더러움을 상징합니다. 그러나 실상은 돼지보다도 더욱 욕심이 많고 더러운 것이 사람이기도 하지요. 돼지는 먹는 욕심뿐이지만 사람은 그렇지가 않습니다. 아무리 채워도 끝이 없지요.

저것만 가지면 행복할 텐데… 저것만… 저것만… 하면서 쫓아가다 보면 어느새 죽음의 문턱을 넘게 되는 것입니다.

"오직 각 사람이 시험을 받는 것은 자기 욕심에 끌려 미혹됨이니 욕심이 잉태한 즉 죄를 낳고 죄가 장성한즉 사망을 낳느니라"   (야고보서 1장 14~15절)

사람들은 정조 없는 짐승으로 흔히 개를 떠올립니다. 그러나 개도, 돼지도 세상 그 어떤 짐승도 암놈이 암놈과, 수놈이 수놈과 교미하지 않습니다.

그러나 사람들은 그렇게 하지요. 그래서 "AIDS"가 생겨난 것입니다.

"그와 같이 남자들도 순리대로 여자 쓰기를 버리고 서로 향하여 음욕이 불 일듯 하매 남자가 남자와 더불어 부끄러운 일을 행하여 그들의 그릇됨에 상당한 보응을 그들 자신이 받았느니라"   (로마서 1장 27절)

욥기 14장 4절 "누가 깨끗한 것을 더러운 것 가운데에서 낼 수 있으리이까 하나도 없나이다"

넷째는 뱀과 같은 마음으로 인간의 간교한 마음을 뜻합니다. 뱀은 혀가 둘로 갈라져 있듯이 한 입으로 두 말을 하는 것을 가리키지요.

야고보서 3장 11절 말씀에도 "샘이 한 구멍으로 어찌 단물과 쓴 물을 내겠느뇨", 10절 말씀에도 "한 입으로 찬송과 저주가 나는도다" 라고 기록되어 있습니다. 한 입으로 하나님께 찬송을 드리고 같은 한 입으로 어찌 이웃을 저주하고 거짓말을 할 수가 있겠습니까…?

> "독사의 자식들아 너희는 악하니 어떻게 선한 말을 할 수 있느냐 이는 마음에 가득한 것을 입으로 말함이라" (마태복음 12장 34절)

옛말에 "혀 밑에 도끼가 숨어있다" 라는 말도 있고 "칼로 입은 상처는 아물면 그만이지만 말로 입은 상처는 영원히 남는다" 라는 말도 있습니다.

폭력을 말하면 힘에 의한 폭력만을 생각할 수도 있겠지만 실상 더 무서운 것이 언어의 폭력이기도 하지요. 오죽하면 말 한마디 잘못해서 살인이 나고, 말 한마디 잘해서 천냥 빚을 갚는다는 말까지 생겨났겠습니까…?

야고보서 3장 6절	"혀는 곧 불이요 불의의 세계라 혀는 우리 지체 중에서 온 몸을 더럽히고 삶의 수레바퀴를 불사르나니 그 사르는 것이 지옥 불에서 나느니라"

다섯째는 표범과 같은 마음으로 사납고 포악한 기질을 가진 사람을 가리킵니다.

옛말에 참을 인(忍)자가 셋이면 살인도 면한다는 말이 있습니다. 그만큼 참을성과 인내심은 매우 중요한 것이지요. 그러나 우리 주변에는 사소한 일에도 화를 내고, 다투고 심지어는 폭력을 앞세워 상대에게 상처까지 입히는 사람들도 종종 보게 됩니다.

"포학한 자를 부러워하지 말며 그의 어떤 행위도 따르지 말라" (잠언 3장 31절)

폭력은 그 어떠한 말로도 합리화될 수도, 정당화 될 수도 없습니다. 폭력은 가정과 이웃과 사회를 병들게 하고 심지어 우리 곁에서 사랑과 믿음까지도 빼앗아갑니다. 폭력은 반드시 근절되어야하고 절대 추방되어야 합니다. 폭력은 곧 모든 것을 파괴시키는 주범이 되기 때문입니다.

"노하기를 더디하는 자는 용사보다 낫고 자기의 마음을 다스리는 자는 성을 빼앗는 자보다 나으니라" (잠언 16장 32절)

하나님께서는 온유하고 겸손한 자를 사랑하십니다. 이제 우리는 「원수까지도 사랑하라」(마5:44)고 하신 예수님의 말씀을 마음속 깊이 새기는 가운데 나보다는 먼저 이웃을 아끼고 사랑하는 마음, 이웃의 아픔과 허물까지도 감싸줄 수 있는 마음을 갖도록 우리 모두가 힘써야 하겠습니다.

요한복음 15장 12절 "내 계명은 곧 내가 너희를 사랑한 것 같이 너희도 서로 사랑하라 하는 이것이니라"

여섯째는 개구리 같은 마음입니다.

한여름 밤에 논가에를 나가보면 마치 동네가 떠나갈 듯이 밤이 새도록 개구리가 울어대는 것을 볼 수가 있지요. 개구리는 곧 수군수군하는 마음, 남을 비방하는 마음, 능욕하는 마음을 가리킵니다.

> **잠언**
> 13장 3절
>
> "입을 지키는 자는 자기의 생명을 보전하나 입술을 크게 벌리는 자에게는 멸망이 오느니라"

일곱째는 거북이 같은 마음으로 인간의 기회주의적인 모습을 가리킵니다. 거북이는 자기가 필요할 때는 머리를 내밀었다가 자기가 불리하면 안으로 들어가서 나오지를 않기 때문입니다. 이 모두가 바로 하나님이 싫어하시는 일곱가지 가증한 마음입니다.

사람은 누구나 이 같은 마음을 다 지니고 있습니다.

이런 더러운 마음을 잘 억제하는 사람을 가리켜서 소위 인격자라고들 하지만

실상 속마음은 다 똑같은 것이지요.

어쩌면 세상에서 인간같이 잔인하고 악한존재도 없을 것 같습니다.

마치 언제 터질지 모르는 시한폭탄과도 같은 존재이지요.

일생을 온통 마음으로, 입으로, 눈으로, 귀로, 손으로, 발로,

그야말로 온 몸으로 죄를 짓고 살아가는 죄덩어리인 셈입니다.
(잠6:16~19)

이사야
59장 7~8절

"그의 발은 행악하기에 빠르고 무죄한 피를 흘리기에 신속하며 그 생각은 악한 생각이라 황폐와 파멸이 그 길에 있으며 그들은 평강의 길을 알지 못하며 그들이 행하는 곳에는 정의가 없으며 굽은 길을 스스로 만드나니 무릇 이 길을 밟는 자는 평강을 알지 못하느니라"

성경에서 사람을 나무에 비유하듯이, 사람을 나무로 말한다면 바로 나쁜 나무인 것이지요.

나쁜 나무에 아무리 물을 주고 거름을 주며 공을 들인다 해도 결코 좋은 열매를 거둘 수는 없습니다.

마태복음 7장 18절 "좋은 나무가 나쁜 열매를 맺을 수 없고 못된 나무가 아름다운 열매를 맺을 수 없느니라"

인간은 모두가 악한 나무이고 못된 나무입니다. 못된 나무인 우리가 좋은 나무가 되기 위해서는 오직 한 가지 방법 외에는 없습니다.

먼저 하나님의 말씀을 믿고 순종하는 가운데 생명의 나무가 되시는 예수 그리스도와 접붙임을 받는 길 뿐이지요.

그럴 때만이 비로소 내가 아닌 그리스도의 능력에 힘입어 나쁜 나무가 좋은 나무로 거듭나서

악을 이길 수 있는 힘이 생겨나게 되고 죄 또한 점점 미워하고 멀리하게 되는 것입니다.

요한복음 15장 5절 "나는 포도나무요 너희는 가지라 그가 내 안에, 내가 그 안에 거하면 사람이 열매를 많이 맺나니 나를 떠나서는 너희가 아무 것도 할 수 없음이라"

5. 슬픔과 고통의 삶

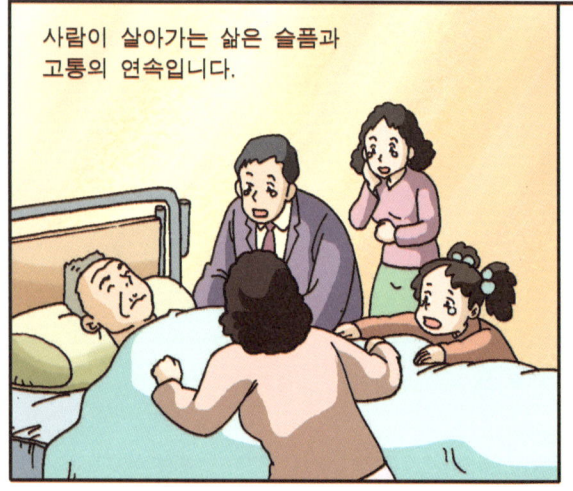
사람이 살아가는 삶은 슬픔과 고통의 연속입니다.

수많은 환란과 역경 속에서 힘겨운 시련의 삶을 살아가지요.

하나님께서는 왜 우리를 이렇듯 온갖 고통과 슬픔 속에서 살아가게 하셨을까요…?

예레미야애가 3장 33절
"주께서 인생으로 고생하게 하시며 근심하게 하심은 본심이 아니시로다"

하나님께서는 인생으로 고생하며 근심하게 하신 것이

하나님의 본심이 아니라고 하시며 도리어 그것이

우리에게 평안을 주기 위함이라고 말씀해 주고 계십니다.

이사야 38장 17절(중반절)
"내게 큰 고통을 더하신 것은 내게 평안을 주려 하심이라"

히브리서 12장 6절
"주께서 그 사랑하시는 자를 징계하시고 그가 받아들이시는 아들마다 채찍질하심이라"

만약 이 땅에 고통도 슬픔도 없이 즐겁고 행복하게만 살게 된다면 누가 하나님을 찾고 천국을 사모하겠습니까?

환난과 고통을 겪게 될 때 비로소 근심과 고통과 슬픔이 없는 영원한 하늘나라를 사모하게 되는 것이지요.

종교개혁자요 신학자인 칼빈(J.Caivin,1509~1564)도 「이 세상에 고통이 많은 것은 천국을 사모하는 마음을 가지게 하기 위해서이다.」라고 말해주고 있습니다.

시편 119편 67절
"고난 당하기 전에는 내가 그릇 행하였더니 이제는 주의 말씀을 지키나이다"

요즘 어떤 부모님들은 자녀가 사랑스럽다는 이유로 때로 아이가 잘못을 저질러도 꾸짖거나 징계하기 보다는

도리어 괜찮다는 식으로 무작정 아이의 허물을 감싸주고 덮어 주려고만 하는 부모님들을 간혹 보게 됩니다.

그것은 자식을 사랑하는 것이 아니라 도리어 더 큰 범죄자로 키우는 결과가 됩니다.

잠언 22장 6절
"마땅히 행할 길을 아이에게 가르치라 그리하면 늙어도 그것을 떠나지 아니하리라"

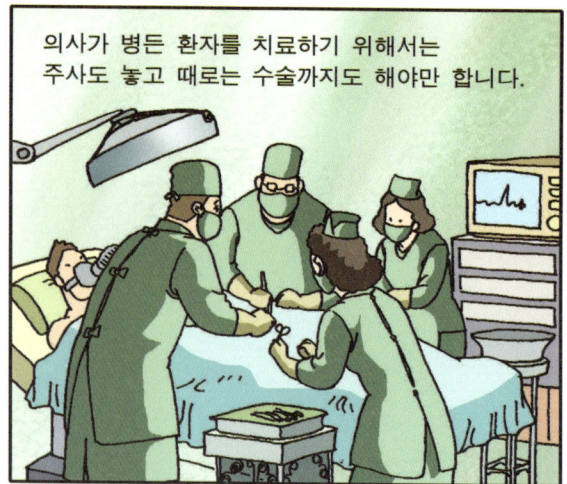

의사가 병든 환자를 치료하기 위해서는 주사도 놓고 때로는 수술까지도 해야만 합니다.

생명을 빼앗아갈 암 덩어리를 그대로 방치해 둘 수는 없기 때문이지요.

부모 또한 자녀들을 바른길로 이끌기 위해서는 설사 그 순간은 가슴이 아프더라도 반드시 아이가 자신의 잘못을 깨달아 알 수 있도록 죄질에 합당한 적절한 징계는 꼭 필요한 것입니다.

히브리서 12장 18~19절
"징계는 다 받는 것이거늘 너희에게 없으면 사생자요 친아들이 아니니라 또 우리 육신의 아버지가 우리를 징계하여도 공경하였거든 하물며 모든 영의 아버지(하나님)께 더욱 복종하여 살려 하지 않겠느냐"

믿는 우리들에게 하나님은 곧 영(靈)의 부모님이 되십니다.

그러기에 우리를 올바른 길로, 영생의 길로 이끄시기 위해

잠시 슬픔과 고통과 환난까지도 허락하신 것입니다.

신명기 8장 5~6절
"너는 사람이 그 아들을 징계함 같이 네 하나님 여호와께서 너를 징계하시는 줄 마음에 생각하고 네 하나님 여호와의 명령을 지켜 그의 길을 따라가며 그를 경외할지니라"

온실 속에서 곱게 자란 꽃은

작은 추위나 더위에도 견디지 못하고 쉽게 시들어 죽게 되듯이

고난을 겪지 않은 사람은 진정한 의미의 행복을 느끼지 못합니다.

베드로전서 4장 13절
"오히려 너희가 그리스도의 고난에 참여하는 것으로 즐거워하라 이는 그의 영광을 나타내실 때에 너희로 즐거워하고 기뻐하게 하려 함이라"

사도바울 또한 "현재의 고난은 장차 우리에게 나타날 영광과 족히 비교할 수 없도다"라고 말해주고 있습니다.

결국 고난과 영광을 함께 연결 지어 놓은 것만 보아도

「노 크로스 노 크라운(No cross no crown)」이란 말대로 환난 없이는 영광도 없는 것입니다.

욥기
23장 10절

"그러나 내가 가는 길을 그가 아시나니 그가 나를 단련하신 후에는 내가 순금 같이 되어 나오리라"

하나님의 귀한 도구라는 사실을 우리 모두는 꼭 기억해야 하겠습니다.

야고보서
5장 13절

"너희 중에 고난 당하는 자가 있느냐 그는 기도할 것이요 즐거워하는 자가 있느냐 그는 찬송할지니라"

우리를 선택하여 주신 것도 하나님의 은혜요, 당신의 영광에 들어가게 하시는 것도 하나님의 은혜이며, 그 고난을 통해서 우리를 온전한 자녀로 이끄시고 양육하시기 위해 잠시 고난을 허락하시는 것도 하나님의 은혜요 사랑입니다.

고난을 통해서 우리에게 더욱 큰 영광과 축복을 주시기 위한 하나님의 크신 뜻을 깨달아 어떠한 환난과 역경이 닥친다 해도 결코 좌절하거나 낙망하지 말고 그럴수록 더욱 더 하나님을 의지하고 말씀에 순종하는 가운데 이 땅에서의 고난을 도리어 하나님께 감사와 찬양으로 화답할 수 있는 장성한 믿음의 자녀들이 되어야 하겠습니다.

로마서 8장 16~18절

"성령이 친히 우리의 영과 더불어 우리가 하나님의 자녀인 것을 증언하시나니 자녀이면 또한 상속자 곧 하나님의 상속자요 그리스도와 함께 한 상속자니 우리가 그와 함께 영광을 받기 위하여 고난도 함께 받아야 할 것이니라 생각하건대 현재의 고난은 장차 우리에게 나타날 영광과 비교할 수 없느니라"

6. 삶과 죽음

사람의 공통된 점이 있다면 그것은 늙지 않으려는 것과 죽지 않으려는 것입니다.

그러나 아쉽게도 지금까지 이 문제를 해결한 사람은 없습니다.

실존 철학에서 자주 쓰는 용어 중에 「한계상황(限界狀況, Boundary Situation)」 이란 말이 있습니다.

인간이 인간으로서 도저히 넘을 수 없는 벽을 일컬어 한계상황이라고 합니다.

그것이 곧 생로병사(生老病死)이지요.

인간은 어느 누구도 태어나고, 늙고, 병들어 죽는 것을 피할 수가 없습니다.

디모데전서 6장 10절 "돈을 사랑함이 일만 악의 뿌리가 되나니 이것을 탐내는 자들은 미혹을 받아 믿음에서 떠나 많은 근심으로써 자기를 찔렀도다"

인간은 어리석게도 돈을 벌기 위해서 죄를 짓고

다시 그 돈을 쓰기 위해서 열심히 또 죄를 짓습니다.

그러나 돈을 많이 벌어서 잘 살아 볼까 하면 갑자기 죽게 되는 경우도 가끔은 보게 됩니다.

누가복음 12장 20-21절
"하나님은 이르시되 어리석은 자여 오늘 밤에 네 영혼을 도로 찾으리니 그러면 네 준비한 것이 누구의 것이 되겠느냐 하셨으니 자기를 위하여 재물을 쌓아 두고 하나님께 대하여 부요하지 못한 자가 이와 같으니라"

돈이 많은 부자도 항시 무엇인가 부족함을 느끼며 살아갑니다.

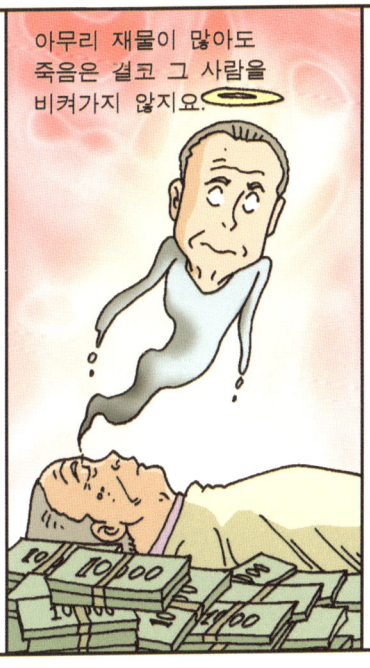
아무리 재물이 많아도 죽음은 결코 그 사람을 비켜가지 않지요.

죽음이란 갑자기 오기도 하고, 서서히 다가오기도 합니다.

건강하던 사람이 며칠 안에 죽을 수도 있고, 병원 침대에 누워 금방이라도 죽을듯 하던 사람이 10년, 20년을 더 오래 사는 경우도 있습니다. 그러나 분명한 사실은 죽음은 누구에게나 반드시 찾아온다는 사실이지요. 그러기에 당신 또한 죽는 것은 정한 이치입니다.

그 사실을 수많은 공동묘지와 납골당이 보란 듯이 증명해 주고 있습니다.

인생이란 마치 브레이크 없는 고속열차를 타고

죽음이란 종착역을 향해서

무서운 속도로 질주하는 것과도 같습니다.

세월의 흐름 속에 육신은 늙어 머리는 희어지고, 시력은 점차 떨어져 갑니다. 심장의 기능은 약해지고 혈압은 올라가지요.

바로 죽음이라는 운명적인 시간이 자신을 향해서 점점 다가오고 있는 것입니다.

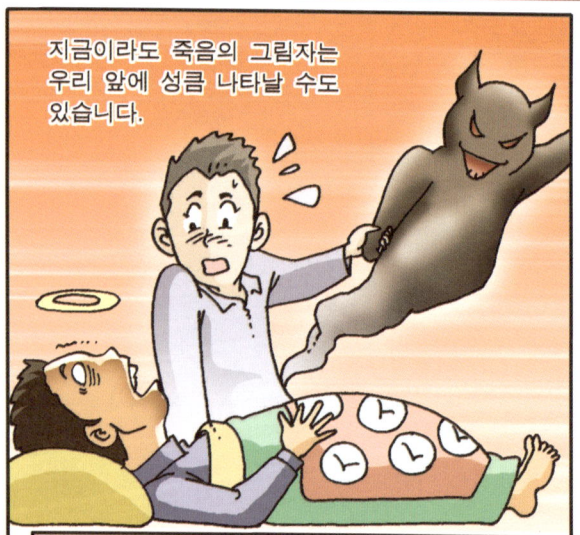
지금이라도 죽음의 그림자는 우리 앞에 성큼 나타날 수도 있습니다.

이 순간에도 죽음은 어느 집인가를 소리 없이 찾아들고 있겠지요.

해마다 수많은 사람들이 예기치 못한 사고로 죽어 갑니다. 죽는 사람의 절반 이상이 갑자기 당하는 죽음이라고 합니다. 그래서 집을 지을 때는 「모든 문과 계단은 큰 관이 들어올 수 있게 하라」는 것입니다.

이 땅에 태어난 모든 사람은 반드시 삶과 죽음의 과정을 거치게 됩니다. 이 부분에 관해서 지금까지 예외를 인정받은 사람은 없지요. 그러나 사람들은 나는 마치 예외인 것 같은 착각 속에서 살아갑니다.

이 세상에서도 생(生)과 사(死) 즉, 태어나는 것과 죽는 것이 있듯이 죽음 이후에도 빛과 어둠의 두 길로 나뉘게 됩니다. 바로 성경이 증거(證據)하는 천국과 지옥이 그것 입니다.

우리가 하나님을 믿고 그리스도를 영접해 말씀에 순종하며 믿음의 길을 걸어가는 주된 목적은 이 땅에서 육신적으로 잘되는 것보다는 영원한 세계를 찾기 위한 것입니다.

로마서 2장 6~8절

"하나님께서 각 사람에게 그 행한 대로 보응하시되 참고 선을 행하여 영광과 존귀와 썩지 아니함을 구하는 자에게는 영생으로 하시고 오직 당을 지어 진리를 따르지 아니하고 불의를 따르는 자에게는 진노와 분노로 하시리라"

7. 육체 밖에서 하나님을 보리라

사람들은 눈에 보이는 육신이 자신의 실체이고

그것이 「나」라고 생각하며 살아가는 사람들이 꽤나 많은 것 같습니다.

겁나게 잘생겼네♪

그러다 보니 육신을 위한 일이라면

심지어 몸에 좋은 것이라면 무엇이건 가리지 않고 먹어치우는 광경도 종종 목격하게 됩니다.

맛있겠당~♪

물질이건, 시간이건, 무엇이 됐건

아낌없이 모든 것을 투자하지요.

이 산삼이 얼마요.

삼천만 원 입죠~♪

시편 49편 20절
"존귀하나 깨닫지 못하는 사람은 멸망하는 짐승 같도다"

「사야난보 백년분(死也難保 百年墳)」이란 말이 있습니다.

이 말은 「죽어서 백 년을 가는 묘가 없다」라는 뜻이지요.

현재 전국에는 무연고(無緣故) 묘가 40% 이상이나 된다고 합니다.

결국은 살아서 백년을 보존하는 몸이 없고, 죽어서도 백년을 가는 묘 또한 흔치가 않습니다.

그러나 사람들은 부모가 돌아가시면 명당자리를 찾아

비석까지 세우고 지극정성으로 유골을 섬기기도 합니다.

그래야 자손이 잘되고 복을 받는다고들 생각하지요.

그러나 실상은 영혼(靈魂)이 떠나간 육신은 이미 한 줌의 흙에 지나지 않습니다.

우리의 진정한 육체는 영혼이지 육신이 아니기 때문입니다.

모든 인생은 죄인으로 이 땅에 태어났고 때가 되면 늙어서 죽든, 병이 들어 죽든, 혹은 사고로 죽든 결국은 죽어 육신은 흙으로 돌아가고 사람의 실체인 영혼은 다시 하나님께로 돌아가 이 땅에서 행한 행위대로 하나님의 엄중한 심판을 받고 비로소 영원한 곳으로 가게 됩니다.

"…각 사람이 자기의 행위대로 심판을 받고 사망과 음부도 불못에 던져지니 이것은 둘째 사망 곧 불못이라" (요한계시록 20장 13~14절)

내가 가야 할 곳이 천국이라면 더할 수 없는 축복이고 영광이 되겠지만 만일 지옥이라면 그 참담한 현실 앞에 누구인들 몸서리를 치지 않을 수가 있겠습니까. 그러나 이미 그 때는 아무리 후회해 본들 더 이상 돌이킬 수가 없겠지요. 아무리 통곡을 하고 애원해 본들 더 이상의 기회는 주어지지 않습니다. 오직 무서운 심판과 지옥의 형벌만이 있을 뿐입니다.

마가복음 9장 48~49절
"거기에서는 구더기도 죽지 않고 불도 꺼지지 아니하느니라 사람마다 불로써 소금 치듯 함을 받으리라"

제 ② 부

왜 예수님은 구원자인가?

"그는 근본 하나님의 본체시나 하나님과 동등됨을 취할 것으로 여기지 아니하시고 오히려 자기를 비워 종의 형체를 가지사 사람들과 같이 되셨고 사람의 모양으로 나타나사 자기를 낮추시고 죽기까지 복종하셨으니 곧 십자가에 죽으심이라" (빌립보서 2장 6~8절)

②부 여는 글

역사의 중심이신 예수님

역사상 가장 위대한 인물을 꼽으라면 당신은 누구를 꼽으시겠습니까…?
과거로부터 이 시대에 이르기까지 인류에 가장 영향력을 끼친 인물이 있다면 그가 과연 누구라고 생각하십니까…?
「역사가들의 세계사」 (The Historiams' History of the world)라는 참조 문헌에 보면 「세계의 주요 문명들이 인정하는 신기원은 예수의 출생에서 시작된다.」라고 적고 있습니다. 심지어 「타임」지에서는 「지난 이천 년 뿐만 아니라 인류역사 전체에 걸쳐 가장 강력한 인물이 나사렛 예수였다는 사실을 부인하려면 매우 무리한 추론을 해야 할 것이다.」라고 기술하고 있지요. 그 잡지는 덧붙여 「역사상 예수만큼 강력하고도 지속적인 영향을 미친 삶을 산 사람은 아무도 없다고 진지하게 주장할 수 있다.」라고 적고 있습니다.
얼마 전에는 미국의 저명한 시사 잡지인 「타임」, 「뉴스워크」, 「U.S.뉴스 앤드 월드 리포트」는 모두가 같은 시기에 예수에 관한 글을 표제기사로 실을 정도로 그분에 대한 사람들의 뜨거운 관심은 시간이 지날수록 더욱 높아져만 갑니다. 과거에도 현재에도 변함없이 강력합니다.
2002년 12월에 「월 스트레이트 저널」에 실린 한 사설의 제목에는 「과학도 예수를 부인할 수는 없다.」라고 적고 있지요. 심지어 2004년에 「토론토 스타」지는 「예수의 영향력은 영화와 음악, 패션에도 살아있다. 어느 한 곳도 그의 영향력이 미치지 않는 곳은 없다.」라고 지적하고 있습니다.

　프랑스의 나폴레옹 황제 또한 말하기를 「나는 인간들에 대하여 잘 안다. 그러나 예수그리스도는 보통 인간들과는 전혀 다르다.」라고 고백하였습니다.
　그는 워털루 전쟁에서 패배한 후에, 성 헬레나 섬에서 예수님의 신성을 의심했던 자신의 충복 비스란트 장군에게 「그리스도 안에 있는 모든 것이 나를 놀라게 했다. 그분의 성령이 나를 위압하고, 그분의 뜻이 나를 꺾으셨다. 그분은 진정 스스로 계신 분이셨고, 그분의 생각과 감정,

그리고 그분이 주신 진리, 그분의 확신에 찬 태도, 이 모든 것이 인간의 기관이나 어느 자연물에서도 결코 설명될 수 없는 특별한 것이었다. 알렉산더, 시저, 샤를마뉴 그리고 나는 무력으로 제국을 건설했지만, 그러나 오직 예수 그리스도만은 그 제국을 영원한 사랑의 토대위에 세우셨다. 그리고 지금 이 시간에도 수백만의 사람들이 그분을 위하여 죽음을 무릅 쓰고 있다.」라고 말하였습니다.
　특히 우리가 현재 사용하고 있는 「서기」 앞에 「A.D」라는 단어가 사용되고 있다는 것은 누구나 잘 알고 있는 사실입니다. 이 단어는 또 무엇을 뜻하고 있습니까?
「B.C」라는 단어는 영어의 「Before christ」의 약자로 「예수님 오시기 전」이라는 뜻이고, 「A.D」라는 단어는 「Anno domini」라는 라틴어의 머리글자를 딴 것으로 영어로는 「In the year of our lord」라는 말로 이를 우리말로 번역하면 「우리 주님의 해」라는 뜻이 됩니다. 지금이 2012년이라고 하는 것은 바로 예수님께서 이 땅에 오신 지가 2012년이 지났다는 뜻이 되는 것이지요.
　이천 년 전에 로마의 식민지였던 이스라엘 땅에 태어나셔서 3년 반 동안 하나님의 일을 하시다가 33세의 젊은 나이로 십자가에 못 박혀 돌아가신 예수의 탄생을 기준으로 인류의 역사(歷

史)가 기원전, 후(B.C & A.D)로 구분돼 나뉘게 되다니 이 얼마나 놀라운 일입니까.
　우리가 지금 「서기」라는 날짜를 사용하고 있다는 것은 곧 이 세상의 주인이 2012년 전에 오신 「예수 그리스도」라는 사실을 이미 모든 사람들 스스로가 고백하며 살아가고 있는 것입니다. 「A.D」라는 단어는 결국 이 지구가 하나님의 아들 예수 그리스도 앞으로 등기(주인)되었다는 사실을 분명하게 증거 해 주는 것이기도 합니다.

　　"조상들도 그들의 것이요 육신으로 하면 그리스도가 그들에게서 나셨으니 그는
　　만물 위에 계셔서 세세에 찬양을 받으실 하나님이시니라 아멘"
(로마서 9장 5절)

　인류 역사 속에 과연 이같은 분이 예수 그리스도 외에 누가 또 있는가를 우리는 한번쯤 깊이 생각해 보아야 하겠습니다.

　모든 물건에는 주인이 있고 모든 제품에는 그 제품을 만든 회사가 존재합니다. 반드시 집마다 지은이가 있는 것이지요. 과연 이 세상의 주인이 누구이겠습니까? 역사의 주인이 누구이겠습니까…?
　우리는 결코 만물의 주인이신 창조주 하나님을 부인하는 어리석은 자가 되지 말아야 하겠습니다.

　　"만물이 그로 말미암아 지은 바 되었으니 지은 것이 하나도 그가 없이는 된 것이
　　없느니라"
(요한복음 1장 3절)

1. 육신으로 오신 하나님

인간이 수행이나 고행을 통해서 스스로 완전함에 이른다는 것은 사실상 불가능한 일입니다.

조금 나아질 수는 있겠지만 그것은 정도의 차이일 뿐이지요.

인간은 절대 불완전한 존재이며 명백한 한계를 가진 존재이기 때문입니다.

그럼에도 불구하고 세상에 존재하는 거의 모든 종교는 보이지도 않고, 말도 없는 신(神)을 인간의 힘과 노력으로 찾아가려고 합니다.

과연 그것이 가능한 일일까요?

이는 얼굴도, 이름도, 주소도 모르는 사람을 찾아보려고 애쓰는 것과도 같습니다.

그래도 계속 찾으면 혹시 찾을 수 있지 않을까?

차라리 하늘의 별을 따~!

킥킥! 맞아~!

이미 그 자체가 막연한 것이지요.

마치 손으로 허공을 잡으려는 것과도 같은 것입니다.

이것이 바로 기독교와 타종교와의 전혀 다른 차이점입니다.

그분이 곧 우리의 구원자이시며 참 하나님의 실체가 되시는「예수 그리스도」이십니다.

"그러므로 주께서 친히 징조를 너희에게 주실 것이라 보라 처녀가 잉태하여 아들을 낳을 것이요 그 이름을 임마누엘이라 하리라"　　　　(이사야 7장 14절)

"이는 한 아기가 우리에게 났고 한 아들을 우리에게 주신 바 되었는데 그의 어깨에는 정사를 메었고 그의 이름은 기묘자라, 모사라, 전능하신 하나님이라, 영존하시는 아버지라, 평강의 왕이라 할 것임이라"　　　　(이사야 9장 6절)

"보라 처녀가 잉태하여 아들을 낳을 것이요 그의 이름은 임마누엘이라 하리라 하셨으니 이를 번역한즉 하나님이 우리와 함께 계시다 함이라" (마1:23)는 말씀이 응하신 것이지요.

"태초(太初)부터 계시던 생명의 말씀"이 우리에게 나타나신바 되고 "말씀이 육신이 되어 우리 가운데 거(居)"하신 것입니다.

    "말씀이 육신이 되어 우리 가운데 거하시매 우리가 그의 영광을 보니 아버지의 독생자의 영광이요 은혜와 진리가 충만하더라"   (요한복음 1장 14절)

이렇듯 성경에 기록된 예언의 말씀은 한 치의 오차를 허용치 않습니다.

마치 맞물려 돌아가는 톱니바퀴와 같고 놀랍도록 정확한 시계와도 같지요.

반드시 증험(證驗)과 성취함이 있다는 사실입니다.

신명기 18장 22절

"만일 선지자가 있어 여호와의 이름으로 말한 일에 증험도 없고 성취함도 없으면 이는 여호와께서 말씀하신 것이 아니요 그 선지자가 제 마음대로 한 말이니 너는 그를 두려워하지 말지니라"

그럼 이제 구약성경에 예수님에 대해 어떻게 예언되어 있고

그 예언이 신약에 와서 어떻게 성취되는지를

도표를 통해서 자세히 살펴보겠습니다.

예수님에 대한 예언들이 어떻게 성취되었는가?

구약예언	예언 내용	신약성취
창 3 : 15	여인의 후손	갈 4 : 4
창 17 : 7	아브라함의 후손	갈 3 : 16
렘 23 : 5,6	다윗의 후손	행 13 : 22,23
단 9 : 24,25	정한 때가 이름	갈 4 : 4
사 7 : 14	동정녀 탄생	마 1 : 18
사 7 : 14	임마누엘이라 불림	마 1 : 21~23
미 5 : 2	베들레헴에서 출생	마 2 : 1
시 72 : 10	위대한 사람들이 그를 공경함	마 2 : 1~11
렘 31 : 15	영아살해	마 2 : 16~18
호 11 : 1	애굽에서 부르심	마 2 : 15
말 3 : 1	선구자의 출현	마 3 : 1~3
사 61 : 6	성령의 기름 부으심	행 10 : 38
신 18 : 15~18	모세와 같은 선지자	행 3 : 20~22
사 61 : 1,2	공생애 시작	눅 4 : 16~21,43
사 9 : 1,2	갈릴리에서 전도 시작	마 4 : 12~16
슥 9 : 9	예루살렘 입성	마 21 : 1~11
사 42 : 2	일하는 모습의 온유하심	마 12 : 15~19
사 40 : 11, 42 : 3	동정과 부드러움	마 12 : 15,20
시 69 : 9	열성의 충만	요 2 : 17
시 78 : 2	비유로 가르치심	마 13 : 34,35
사 35 : 5,6	이적을 행하심	마 11 : 4~6
사 69 : 7,9.20	훼방을 당하심	롬 15 : 3
시 69 : 8	형제의 배척을 받으심	요 7 : 3~5

구약예언	예언 내용	신약성취
시 69 : 4	유대인이 그를 미워함	요 15 : 24,25
시 118 : 22	유대 지도자들에게 배척되심	막 12 : 10~12
시 2 : 1,2	유대인과 이방인이 그를 대적함	행 4 : 27
시 41 : 9	친구의 배반	요 13 : 18,21
슥 13 : 7	제자들에게 버림 받으심	마 26 : 31,56
슥 11 : 12	은 30냥에 팔리심	마 26 : 15
슥 11 : 13	그 돈으로 토기장이의 밭을 구입함	마 27 : 7
시 22 : 14,15	그 고난의 격심함	눅 21 : 42,44
사 53 : 6,12	다른 이를 위하여 고난 받으심	마 22 : 28
사 53 : 6,12	모욕을 받되 잠잠하심	마 26 : 63,27
미 5 : 1	뺨을 맞으심	마 26 : 67,27 : 30
사 50 : 6	침뱉음을 당하고 채찍에 맞으심	막 14 : 65
시 22 : 16	손과 발이 십자가에 못박힘	요 19 : 18,20 : 25
시 22 : 1	하나님이 얼굴을 가리우심	마 27 : 46
시 22 : 7,8	조롱을 당하심	마 27 : 39~44
시 69 : 21	쓸개와 초를 드림	마 27 : 34
시 22 : 18	그의 옷을 제비뽑아 나눔	마 27 : 35
사 53 : 12	범죄자들과 함께 간주됨	마 15 : 27,28
사 53 : 12	범죄자를 위하여 중보하심	눅 23 : 34
사 53 : 12	죽기까지 기도하심	마 27 : 50
시 34 : 20	뼈 하나도 상하지 아니함	요 19 : 33,36
슥 12 : 10	창에 찔림	요 19 : 34,37
사 53 : 9	부자와 함께 묻히심	마 27 : 57~60
시 16 : 10	그의 살이 썩지 아니함	행 2 : 31,32
시 16 : 10	그의 부활	눅 24 : 6,31,34
사 68 : 18	그의 승천	행 1 : 9~11
사 45 : 6,7	그의 의로운 통치	요 5 : 30

불완전한 인간이 과연 이 같은 예언의 근원이 될 수 있을까요?

인간은 시간(時間)과 공간(空間)을 벗어날 수 없는 존재이기에

미래의 일을 정확하게 안다는 것은 절대 불가능한 일입니다.

잠시 후의 일조차도 모르는 것이 인간이기 때문입니다.

전도서 8장 7절
"사람이 장래 일을 알지 못하나니 장래 일을 가르칠 자가 누구이랴"

그렇다면 이 예언들 뒤에는 과연 누가 계실까요…?

바로 시공을 초월하신 하나님께서 살아 역사하고 계심을 우리 모두는 반드시 기억해야 하겠습니다.

이사야 44장 6~7절
"나는 처음이요 나는 마지막이라 나 외에 다른 신이 없느니라 내가 영원한 백성을 세운 이후로 나처럼 외치며 알리며 나에게 설명할 자가 누구냐 있거든 될 일과 장차 올 일을 그들에게 알릴지어다"

3. 죄인을 찾으러 오신 예수님

세상의 모든 종교는 사람들에게 선행(善行)을 가르칩니다.

착한 일하고 선을 많이 쌓으면 복(福)을 받고 극락에 간다고 말들 하지요.

그러나 성경은 선행도 가르치지만 다른 한편으론

인간에게 진정한 의미의 선을 행할 능력이 없음을 지적하고 있습니다.

하나님께서는 「선을 행하는 자는 없나니 하나도 없도다」 (롬3:10~12)라고 말씀해 주고 계십니다.

그러나 믿지 않는 사람들은 말하기를

말도 안돼~!

왜 선을 행하는 사람이 없어~!

「사람이 죄만 짓느냐, 선한 일도 하지 않느냐」라고 반문합니다.

물론 세상에는 선한 일을 하는 사람들도 많이 있는 것이 사실입니다. 그러나 문제는 그 선이 사람들이 보기에는 선이지만 하나님이 보실 때는 선이 아니라는 점입니다.

뜻글자인 한자를 살펴보아도 사람 인(人)저 옆에 할 위(爲)자를 쓰면 거짓 위(僞)자가 됩니다. 결국 사람이 행하는 선은 위선(僞善), 즉 거짓 선이라는 것이지요. 선은 선인데 죄(罪)가 발려진 선이 되는 것입니다.

의인(義人)이란 뜻은 선(善)만을 행하는 사람을 가리키는 말입니다.

그러나 사람은 선을 행하기도 하지만 죄도 지으며 살아갑니다.

사랑도 하지만 미워도 하고,

남을 돕는 가하면 해치기도 하지요.

바로 사람이 행하는 선은 겉치레이고

이 웬수~!

선을 꾸미는 것이며 위선이고 가식(假飾)인 경우가 대다수입니다.

전도서 7장 20절
"선을 행하고 전혀 죄를 범하지 아니하는 의인은 세상에 없기 때문이로다"

이사야 59장 2절
"오직 너희 죄악이 너희와 너희 하나님 사이를 갈라 놓았고 너희 죄가 그의 얼굴을 가리어서 너희에게서 듣지 않으시게 함이니라"

우리는 먼저 나 자신이 죄인이라는 사실을 깨닫는 것이 너무도 중요합니다.

왜냐하면 내가 죄인이라는 사실을 알지 못할 때 결국은 그리스도를 영접할 수도, 죄사함을 받을 수도, 구원(救援)에 이를 수도 없기 때문입니다.

로마서 6장 23절
"죄의 삯은 사망이요 하나님의 은사는 그리스도 예수 우리 주 안에 있는 영생이니라"

우리 모두는 죄라는 중병에 걸려있는 환자들입니다.

이 병을 치유할 수 없다면 결국 우리는 이 죄로 인해서

영원한 지옥의 형벌을 받을 수밖에 없겠지요.

그러기에 우리는 이 죄라는 암 덩어리를 치료해 줄 분을 반드시 찾아야 하고 만나야 하는 것입니다.

요한복음 5장 24절
"내가 진실로 진실로 너희에게 이르노니 내 말을 듣고 또 나 보내신 이를 믿는 자는 영생을 얻었고 심판에 이르지 아니하나니 사망에서 생명으로 옮겼느니라"

당신께서는 의인입니까? 아니면 죄인입니까…? 만약 의인이라면 그리스도를 영접하지 않으셔도 됩니다. 예수님은 의인을 부르러 오신 것이 아니라 죄인을 불러 회개시키러 오셨기 때문이지요.

"내가 의인을 부르러 온 것이 아니요 죄인을 불러 회개시키러 왔노라"
(누가복음 5장 32절)

그러나 당신이 만약 의인이 아닌 죄인이라면 반드시 그리스도를 믿고 영접해야 합니다. 오직 그리스도의 보혈(補血)만이 당신의 죄를 사(赦)해 줄 수 있는 유일한 길이기 때문입니다.

"우리는 그리스도 안에서 그의 은혜의 풍성함을 따라 그의 피로 말미암아 속량 곧 죄 사함을 받았느니라" (에베소서 1장 7절)

십자가의 고통과 죽음은 그리스도가 아닌 죄인 된 우리가 받아야 할 당연한 몫이고 형벌이라는 사실을 절대 우리는 기억해야 합니다. 죄인 된 우리를 대신해 자신의 생명까지도 기꺼이 내어주신 예수님의 그 거룩하신 희생과 사랑을 결코 잊지 않는 우리 모두가 되어야 하겠습니다.

요한복음 1장 12~13절
"영접하는 자 곧 그 이름을 믿는 자들에게는 하나님의 자녀가 되는 권세를 주셨으니 이는 혈통으로나 육정(肉情)으로나 사람의 뜻으로 나지 아니하고 오직 하나님께로부터 난 자들이니라"

4. 세상 죄를 지고 가는 하나님의 어린양

일반 종교는 인간이 신을 위해 희생제물을 드렸지만

성경에 나타난 하나님께서는 그와는 정반대로

죄인 된 우리를 구원하시려 자신의 생명까지도 대속제물(代贖祭物)로 내어주십니다.

마가복음 10장 45절
"인자가 온 것은 섬김을 받으려 함이 아니라 도리어 섬기려 하고 자기 목숨을 많은 사람의 대속물로 주려 함이니라"

의인(義人)도 아닌 죄인(罪人)을 위해서 자신의 생명(生命)까지 내어주시는 신(神)을 당신께서는 혹시라도 보신 적이 있습니까…?

봤냐~?
못 봤지~!
세상에 그런 신도 다 있나~?

인류역사가 시작된 이래 오직 한 분외에는 없다는 사실입니다.

그분이 곧 길이요, 진리요, 생명이 되시는 「예수 그리스도」이십니다.(요 14:6)

이런 인생들을 불쌍히 여기신 하나님께서는 죄인 된 우리를 구원하시려

스스로 육체의 장막을 쓰시고 친히 죄인들을 찾아서 이 땅까지 오신 것이지요.

디모데전서 1장 15절 (전반절)
"미쁘다 모든 사람이 받을 만한 이 말이여 그리스도 예수께서 죄인을 구원하시려고 세상에 임하셨다 하였도다"

빛을 구름이 가리듯이 빛이신 하나님께서는 모든 신성을 육신 속에 가리우신채 자신을 스스로 낮춰 아들의 입장으로 이 땅 가운데 오셔서

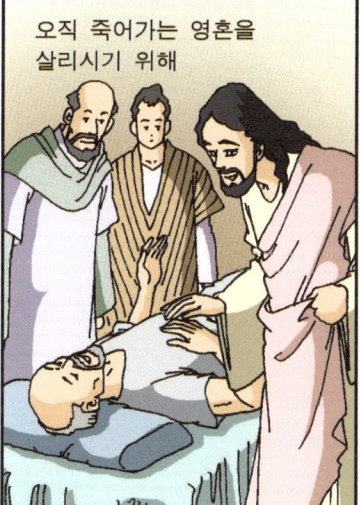

오직 죽어가는 영혼을 살리시기 위해

자기 몸 하나도 머리 둘 곳 없이

잠도, 쉼도 얻지 못하신 채 복음을 전파하시며

젊음도, 생명까지도 모두 바쳐 죽기까지 하나님의 뜻에 순종하셨습니다.

빌립보서 2장 6-8절
"그는(그리스도) 근본 하나님의 본체시나 하나님과 동등됨을 취할 것으로 여기지 아니하시고 오히려 자기를 비워 종의 형체를 가지사 사람들과 같이 되셨고 사람의 모양으로 나타나사 자기를 낮추시고 죽기까지 복종하셨으니 곧 십자가에 죽으심이라"

죄가 없으신 예수님(요일 3:5)께서 우리에 죄를 대신 지시고 골고다의 그 험한 길을 친히 오르신 것이지요.

　　"그가 곤욕을 당하여 괴로울 때에도 그의 입을 열지 아니하였음이여 마치 도수
　　장으로 끌려 가는 어린 양과 털 깎는 자 앞에서 잠잠한 양 같이 그의 입을 열지
　　아니하였도다"　　　　　　　　　　　　　　　　　　　　　　　(이사야 53장 7절)

우리 죄를 대신해 유월절(Passover,逾越節)의 희생양이 되셔서 십자가에 못 박혀 피 한 방울 물 한 방울까지 다 쏟으시고 죽으신 것입니다. 이것이 바로 우리들을 향하신 하나님의 놀라우신 사랑입니다.

　　　"우리가 아직 죄인 되었을 때에 그리스도께서 우리를 위하여 죽으심으로 하나
　　　님께서 우리에 대한 자기의 사랑을 확증하셨느니라"　　　(로마서 5장 8절)

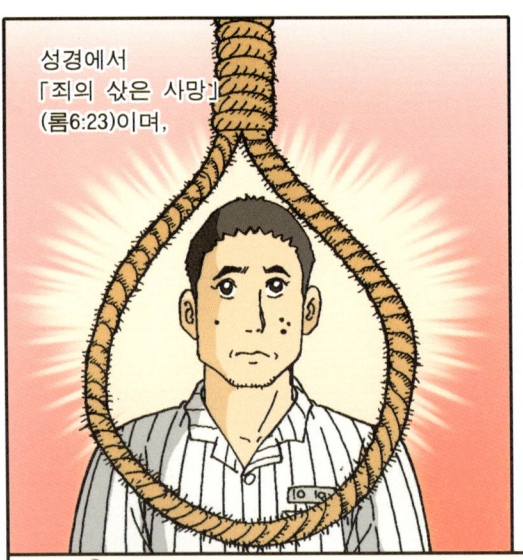

성경에서
「죄의 삯은 사망」
(롬6:23)이며,

「피흘림이 없은즉 사함이 없느니라」
(히 9:22)라고 알려주고 있습니다.

레위기 17장 11절
"육체의 생명은 피에 있음이라… 생명이 피에 있으므로 피가 죄를 속하느니라"

그리스도께서 살이 찢기시고 피를 흘리시는 참혹한 고통을 참으셔야 했던 이유가 바로 여기에 있습니다.

그리스도의 피를 힘입지 않고는 결코 우리 스스로 죄를 없이 할 수도,

지옥의 형벌을 피할 수도 없기 때문입니다.

요한복음 3장 36절
"아들을 믿는 자에게는 영생이 있고 아들을 순종하지 아니하는 자는 영생을 보지 못하고 도리어 하나님의 진노가 그 위에 머물러 있느니라"

　이제 우리는 인류 인생들의 모든 죄를 대신 지시고 십자가에 못 박혀 피 흘려 돌아가신 그리스도의 크신 사랑을 깨달아야 합니다. 오직 그리스도만이 우리의 구원자이시며, 우리 죄를 대속(代贖)하시려 이 땅 가운데 육체로 임하신 참 하나님이심을 절대 믿고 인정하는 가운데 그분이 걸어가신 길을 우리 또한 온 힘을 다해 따르는 자가 되어야 하겠습니다.

> **에베소서** 12장 8절
> "너희는 그 은혜에 의하여 믿음으로 말미암아 구원을 받았으니 이것은 너희에게서 난 것이 아니요 하나님의 선물이라"

5. 부활하신 예수님

인류사에 가장 놀랍고도 경이로운 사건이 있다면 그것은 곧 예수 그리스도의 부활이지요.

예수님은 죽은 지 사흘 만에 다시 살아나셔서 그분을 믿고 따르는 모든 사람들에게 부활(Resurrection,復活)의 산 소망을 주셨습니다.

로마서 4장 25절
"예수는 우리가 범죄한 것 때문에 내줌이 되고 또한 우리를 의롭다 하시기 위하여 살아나셨느니라"

그러나 사람들은 이 같은 부활의 사실을 좀 체로 믿으려 하지 않습니다.

도리어 「죽은 사람이 어떻게 다시 살아나느냐?」라고 비웃듯이 말들 하지요.

당연하징~
난 못 봤으니깐~!

마치 모두가 사람들이 그럴듯하게 꾸며 만든 이야기 정도로 생각합니다.

하지만 그것은 성경도, 하나님의 크신 능력도 알지를 못하기에 크게 오해한 것입니다.

마태복음 22장 29절
"너희가 성경도, 하나님의 능력도 알지 못하는고로 오해하였도다"

우리는 먼저 예수님의 부활은 평범한 인간의 부활이 아니라는 점을 상기할 필요가 있습니다.

살아나신 그분(The one raised)은 성경에 기록된 예언을 따라 죄로 인해 죽을 수밖에 없는

인류 인생들을 구원하시려 이 땅 가운데 「육신으로 임하신 참 하나님」이라는 사실입니다.

그분은 곧 천지만물을 지으신 창조주 하나님의 실체로 무소부재 하시고 무소불능하신

전능하신 분으로 무엇 하나도 이루지 못할 것이 없는 분이십니다.

| 요한계시록 4장 11절 | "우리 주 하나님이여 영광과 존귀와 권능을 받으시는 것이 합당하오니 주께서 만물을 지으신지라 만물이 주의 뜻대로 있었고 또 지으심을 받았나이다" |

인간이 지닌 보잘것없는 능력을 창조주의 능력과 비교해서 생각해서는 절대 안 되는 것이지요.

그것은 마치 어린아이가 작은 구슬하나를 가지고 태양이나 지구에 견주어 보려는 것과도 같은 것입니다.

욥기 11장 7~9절
"네가 하나님의 오묘함을 어찌 능히 측량하며 전능자를 어찌 능히 완전히 알겠느냐 하늘보다 높으시니 네가 무엇을 하겠으며 스올보다 깊으시니 네가 어찌 알겠느냐 그의 크심은 땅보다 길고 바다 넓으니라"

예수 그리스도는 모든 행위, 말씀, 됨됨이에 있어서 절대 우월하십니다. 단연 유일무이하시지요.

그분은 보리떡 다섯 개와 물고기 두 마리를 가지고 오천 명을 배불리 먹이신 분입니다.
(마14:15~21, 막6:31~44, 눅9:12~17, 요6:4~14)

물로 포도주를 만드셨고(요 2:1~11)

예수님에 대한 부활의 증거는 제자들의 행위에서도 잘 나타나지요.

베드로는 예수님이 잡혀가실 때만해도 죽음에 대한 두려움으로 그리스도를 3번이나 모른다고 부인합니다.

누가복음 22장 34절
"베드로야 내가 네게 말하노니 오늘 닭 울기 전에 네가 세 번 나를 모른다고 부인하리라 하시니라"

그런 베드로가 예수님의 부활, 승천(눅24:51)하신 후

오순절에 성령 충만함을 받은 뒤로는(행2:1~4)

전혀 다른 모습의 사람으로 변화되었다는 사실입니다.

죽음을 두려워하지 않고 담대하게 그리스도의 복음을 전파한 것이지요.

사도행전 1장 8절
"오직 성령이 너희에게 임하시면 너희가 권능을 받고 예루살렘과 온 유대와 사마리아와 땅 끝까지 이르러 내 증인이 되리라 하시니라"

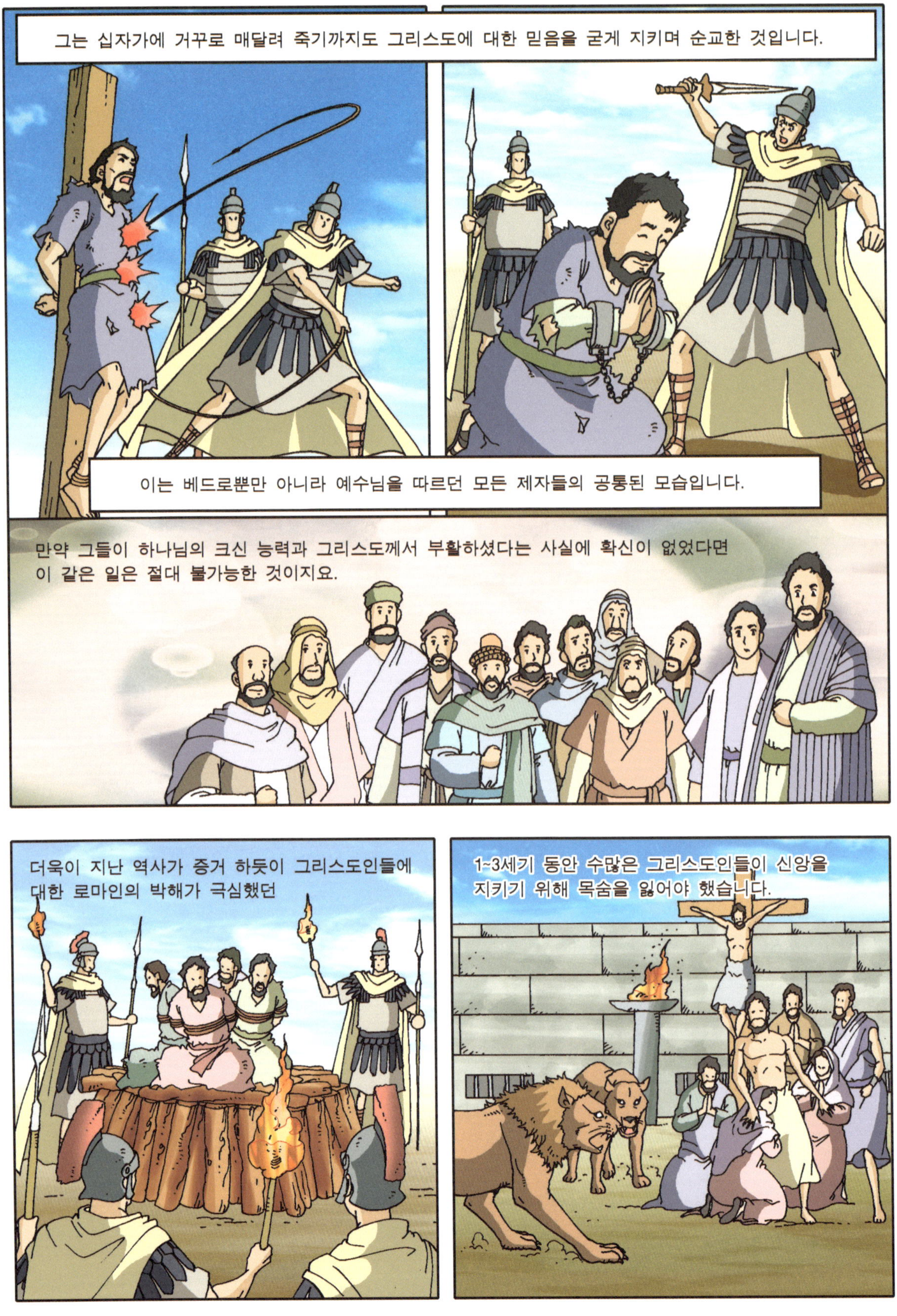

그는 십자가에 거꾸로 매달려 죽기까지도 그리스도에 대한 믿음을 굳게 지키며 순교한 것입니다.

이는 베드로뿐만 아니라 예수님을 따르던 모든 제자들의 공통된 모습입니다.

만약 그들이 하나님의 크신 능력과 그리스도께서 부활하셨다는 사실에 확신이 없었다면 이 같은 일은 절대 불가능한 것이지요.

더욱이 지난 역사가 증거 하듯이 그리스도인들에 대한 로마인의 박해가 극심했던

1~3세기 동안 수많은 그리스도인들이 신앙을 지키기 위해 목숨을 잃어야 했습니다.

지금도 로마를 가면 그리스도인들이 로마의 박해를 피해 숨어 살았던 「카타콤베」라는 지하묘지 약50군데에서 무려 500만기(基) 이상의 무덤이 발견되었다고 합니다. 과연 그들은 무엇 때문에 그 음침하고 습기 찬 지하묘지에서 목숨까지 내놓고 대를 이어 살아가면서 믿음을 지켰을까요?

그것은 바로 그들 자신이 여러 경로와 갖가지의 경험을 통해서 분명한 부활의 확신을 갖고 있었기에 죽기까지도 그 믿음을 굳게 지킬 수 있었던 것이지요.

▲ 이탈리아 로마에 있는 카타콤베

고린도전서 15장 14~15절
"그리스도께서 만일 다시 살아나지 못하셨으면 우리가 전파하는 것도 헛것이요 또 너희 믿음도 헛것이며 또 우리가 하나님의 거짓 증인으로 발견되리니 우리가 하나님이 그리스도를 다시 살리셨다고 증언하였음이라"

하나님께서는 자신의 존재하심과 부활의 사실까지도 이미 성경을 통해서 그리고, 만물의 이치와 조화를 통해서도 인생들이 분명히 깨달아 알 수 있도록 자세히 드러내 보여주셨지요.

그러기에 어느 누구도 결코 핑계할 수가 없는 것입니다.

로마서 1장 20절
"창세로부터 그의 보이지 아니하는 것들 곧 그의 영원하신 능력과 신성이 그가 만드신 만물에 분명히 보여 알려졌나니 그러므로 그들이 핑계하지 못할지니라"

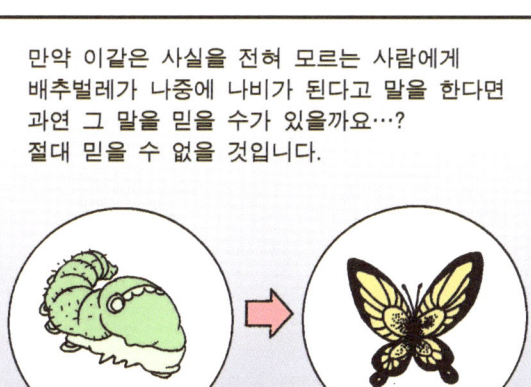

고린도전서 15장 49절	"우리가 흙에 속한 자의 형상을 입은 것 같이 또한 하늘에 속한 이의 형상을 입으리라"

　얼마 전 해외토픽에 다음과 같은 흥미 있는 기사가 실린 적이 있습니다. 이스라엘에서 2000여 년 전의 종려나무 씨앗이 발견되었는데 그 씨를 발아시키는데 성공했다는 이야기입니다. 영국의 W.J브라이언이라는 사람 역시도 이집트를 방문했을 때, 그곳에서 3000년 된 미라 속에서 완두콩을 발견했다고 합니다. 그는 그 완두콩을 가져다가 땅에 심자 놀랍게도 싹이 나고 열매를 맺었다는 것이지요.

　100년, 200년도 아닌 수천 년이나 되는 긴 세월이 지났는데도 여전히 생명력이 남아 있었다니 참으로 놀랍고도 신비로운 일이 아닐 수 없습니다. 하찮게 보이는 작은 씨앗 하나도 이러한데 어찌 만물(萬物)의 영장(靈長)이라는 인간이 70~80년을 살다가 죽는 것으로 모든 것이 끝이 날 수가 있겠습니까.

　　　"만일 그리스도 안에서 우리가 바라는 것이 다만 이 세상의 삶뿐이면 모든 사람 가운데
　　　　우리가 더욱 불쌍한 자이리라"　　　　　　　　　　　　　(고린도전서 15장19절)

요한복음 5장 28-29절	"이를 놀랍게 여기지 말라 무덤 속에 있는 자가 다 그의 음성을 들을 때가 오나니 선한 일을 행한 자는 생명의 부활로, 악한 일을 행한 자는 심판의 부활로 나오리라"

고린도전서 15장 42~44절	"죽은 자의 부활도 그와 같으니 썩을 것으로 심고 썩지 아니할 것으로 다시 살아나며… 육의 몸으로 심고 신령한 몸으로 다시 살아나나니 육의 몸이 있은 즉 또 영의 몸도 있느니라"

지금도 풀 한포기가 어떻게 싹이 나고 열매를 맺는지 그 생명의 신비 또한 과학은 설명하지 못합니다. 설명은커녕 하찮은 모기 하나 파리 한 마리도 생명이 있는 것은 절대 만들지 못하지요. 이것이 바로 인간능력의 한계이고 과학의 한계이기도 합니다.

"네 하나님 여호와를 사랑하고 그의 말씀을 청종하며 또 그를 의지하라 그는 네 생명이시요"   (신명기 30장 20절 전반절)

오직 하나님의 능력 안에서만 이루어질 수 있는 것이지요.(삼상2:6)

고린도전서 15장 51~52절
"보라 내가 너희에게 비밀을 말하노니 우리가 다 잠 잘 것이 아니요 마지막 나팔에 순식간에 홀연히 다 변화되리니 나팔 소리가 나매 죽은 자들이 썩지 아니할 것으로 다시 살아나고 우리도 변화되리라"

과연 생명을 창조하신 하나님께서 죽은 자를 다시 살리지 못 하실까요…?

부활도

영생도

그리고 영원한 천국과

지옥도 반드시 존재한다는 사실을 우리 모두는 꼭 기억해야 하겠습니다.

그 모든 사실을 바로 하나님의 말씀인 성경이 명백하게 증거해 주고 있기 때문입니다.

데살로니가전서 4장 16~17절

"주께서 호령과 천사장의 소리와 하나님의 나팔 소리로 친히 하늘로부터 강림하시리니 그리스도 안에서 죽은 자들이 먼저 일어나고 그 후에 우리 살아 남은 자들도 그들과 함께 구름 속으로 끌어 올려 공중에서 주를 영접하게 하시리니 그리하여 우리가 항상 주와 함께 있으리라"

6. 영원한 속죄, 완전한 구원

　예수님께서 십자가에 고난을 받으신 것은 인류 인생들의 죄 값을 대속(代贖)하신 것입니다. 그분께서 사망 권세를 이기시고 부활하신 것은 우리 죄가 다 사해 졌다는 사실을 우리로 믿게 하기 위한 증거이기도 하지요.
　세금을 내면 그 증거로 영수증을 주듯이, 예수님의 부활은 곧 우리가 그리스도를 믿음으로 말미암아 죄 사함을 받고 구원에 이르게 된다는 확실한 보증인 것입니다.

　　　"그리스도의 사랑이 우리를 강권하시는도다 우리가 생각하건대 한 사람이 모든 사람을
　　　대신하여 죽었은즉 모든 사람이 죽은 것이라"　　　　　　　(고린도후서 5장 14절)

　성경은 "한 사람으로 말미암아 죄가 세상에 들어오고 죄로 말미암아 사망이 왔나니"(롬5:12)라고 알려주고 있습니다. 여기서 「한 사람」이란 인류의 시조가 되는 첫 사람 아담을 가리켜 하신 말씀입니다. 그런데 성경에서는 「첫 사람 아담」뿐 아니라 「마지막 아담」(고전15:45)도 있다고 증거해 주고 있습니다.
　첫 사람 아담이 인류를 대표한 것처럼, 마지막 아담인 그리스도(롬5:14) 또한 모든 인류를 대표한 것이지요. 그러나 첫 사람 아담이 인류를 대표한 것처럼, 마지막 아담인 그리스도(롬5:14) 또한 모든 인류를 대표한 것이지요. 그러나 첫 사람 아담은 불순종의 죄로 우리를 사망에 이르게 한 대표이지만, 마지막 아담인 그리스도는 우리 죄 값을 대신 치르시고 우리 모두를 생명에 이르게 한 대표가 되시는 분이십니다.

　　　"한 사람이 순종하지 아니함으로 많은 사람이 죄인 된 것 같이 한 사람이 순종하심으로
　　　많은 사람이 의인이 되리라"　　　　　　　　　　　　　　(로마서 5장19절)

　우리 모두는 하나님 앞에 무서운 죄인들입니다. 그런 죄인들을 살리시려 우리 죄를 대신해 예수님께서는 친히 대속제물의 희생양이 되신 것입니다.

　　　　"우리의 유월절 양 곧 그리스도께서 희생되셨느니라"　　　　(고린도전서 5장 7절)

　그분은 십자가를 지시고 사형장으로 끌려가면서도 「나는 억울하다.」, 「왜 죄 없는 나를 죽이려 하느냐.」라고 절대 말씀하시지 않으셨습니다. 도리어 예수님께서는 "이(목숨)를 내게서 빼앗는 자가 있는 것이 아니라 내가 스스로 버리노라" (요10:18)고 말씀하셨지요.
　결국 예수님은 우리 죄를 대신해 스스로 자원해서 죽음을 맞이하신 것입니다. 나 같은 죄인을 대신해 그 모진 십자가의 형벌을 받으신 것이지요. 이것이 바로 우리들을 향하신 그리스도의 놀라운 사랑입니다.

　　　"인자가 온 것은 섬김을 받으려 함이 아니라 도리어 섬기려 하고 자기 목숨을 많은 사람의
　　　　대속물로 주려 함이니라"　　　　　　　　　　　　　(마가복음 10장 45절)

　예수 그리스도는 하나님의 실체가 되시는 거룩하신 분입니다. 그분은 죄가 전혀 없으신 분이시지요. 그런 분의 죽음이, 그 피가 과연 우리 죄를 깨끗하게 할 수 없을까요?

　　　　"하나님께서 깨끗하게 하신 것을 네가 속되다 하지 말라" (사도행전 10장 15절)

    예 수 그리스도의 죽음은 시간을 초월해 인류 역사의 시작부터 끝까지 그 효력이 미치는 「영원한 속죄」(eternal redemption)을 이루신 것입니다.
    하나님께 드리신 예수님의 「영원한 제사」(히10:12)는 우리를 영원히 온전케(히10:14) 하는데 전혀 부족함이 없지요. 그분은 짐승의 피가 아닌 흠도 점도 없는 어린양 되신 그리스도의 보배로운 피로 영원(永遠)한 속죄(贖罪)를 이루시고 단번에 하늘 성소에 들어가신 것입니다.

    "그리스도께서는… 염소와 송아지의 피로 하지 아니하고 오직 자기의 피로 영원한 속죄를 이루사 단번에 성소에 들어가셨느니라"   (히브리서 9장 11~12절)

    유월절의 희생양이 되신 그리스도의 거룩한 피는 우리가 죄 사함을 받고 구원에 이를 수 있는 유일한 길입니다. 「영원한 속죄를 이루사」라는 하나님의 말씀은 과거에도, 현재에도, 미래에 까지도 영원히 변치 않습니다.
    그분께서는 「죄를 정결케 하는 일을 하시고」 부활승천 하시어 높은 곳에 계신 위엄(The Majesty)의 우편에 앉으신 것입니다.

    "이는 하나님의 영광의 광채시요 그 본체의 형상이시라 그의 능력의 말씀으로 만물을 붙드시며 죄를 정결하게 하는 일을 하시고 높은 곳에 계신 지극히 크신 이의 우편에 앉으셨느니라"   (히브리서 1장 3절)

　　우리가 구원을 받고, 받지 못하고는 예수님께서 이루어 놓으신 이 분명한 사실들을 당신께서 「믿느냐」 아니면 「믿지 않느냐」에 달려 있는 것입니다.

　　구원은 죄로 인해 멸망 받을 수밖에 없는 인류 인생들을 위해서 하나님께서 베푸시는 한없는 사랑이고 선물입니다. 선물이란 받았을 때 내 것이 되는 것입니다. 감사한 마음으로 받으면 되는 것이지요.

　　　　"너희는 그 은혜에 의하여 믿음으로 말미암아 구원을 받았으니 이것은 너희에게서 난 것
　　　　이 아니요 하나님의 선물이라 행위에서 난 것이 아니니 이는 누구든지 자랑하지 못하게
　　　　함이라"　　　　　　　　　　　　　　　　　　　　　　　　　　(에베소서 2장 8~9절)

　　하나님의 놀라운 은혜와 영생의 축복은 이미 당신 곁에 가까이 다가와 있습니다. 당신을 향하신 하나님의 그 크신 사랑을 더 이상 외면하는 자가 되지 않기를 바랍니다. 이제 당신께서도 값없이 공로 없이 거저 주시는 이 놀라운 구원의 선물을 기쁜 마음으로 받아 누릴 수 있는 축복된 하나님의 자녀가 될 수 있기를 간절한 마음으로 기원합니다.

　　　　"내가 네 허물을 빽빽한 구름 같이, 네 죄를 안개 같이 없이하였으니 너는 내게로 돌아오
　　　　라 내가 너를 구속(救贖)하였음이니라"　　　　　　　　　　　　(이사야 44장 22절)

7. 참사랑이란 무엇인가?

사랑은 신이 인간에게 준 최고의 선물입니다.

물이 우리 몸의 주성분을 이루고 있듯이 사랑 또한 인간존재의 주성분을 이루고 있지요.

만약 인간에게서 사랑을 모두 제거해 버린다면

우리의 생은 마치 물 없는 사막처럼 황량해질 것이며

허무의 무덤과 같이 화할 것입니다.

인간은 곧 사랑으로 먹고 사는 존재이기 때문입니다.

요한복음 13장 34절 "새 계명을 너희에게 주노니 서로 사랑하라 내가 너희를 사랑한 것 같이 너희도 서로 사랑하라"

그렇다면 하나님이 바라시는 진정한 참사랑은 무엇입니까…?

"너희는 온 천하에 다니며 만민에게 복음을 전파하라"
(마가복음 16장 15절)

그것은 바로 이웃에게 복음(gospel,福音)을 전하는 것입니다.

죽어가는 사람에게 당장 필요한 것이 무엇입니까…?

돈입니까? 맛있는 음식입니까? 아니면 멋진 옷입니까?

다 아니지요. 그 사람에게 오직 필요한 것은 바로 생명을 잃지 않는 것입니다.

이 돈 다 줄게, 그냥 가슈~

이 인간 죽어서도 죄 짓네~!

뇌물죄 추가해~!

온 천하를 준다한들 내가 죽는다면 그것이 다 무슨 소용이 있겠습니까.

마가복음 8장 36~37절
"사람이 만일 온 천하를 얻고도 자기 목숨을 잃으면 무엇이 유익하리요 사람이 무엇을 주고 자기 목숨과 바꾸겠느냐"

하나님의 형상대로 지음 받은 우리네 영혼은 진정 천하보다도 존귀한 것입니다.

> **디모데후서**
> 4장 2절(전반절)
>
> "너는 말씀을 전파하라 때를 얻든지 못 얻든지 항상 힘쓰라"

주께서 원하시는 진정한 참사랑은 죽어가는 영혼을 살리는 것입니다.
 깊이 잠든 영혼을 깨우는 것입니다. 바로 그리스도의 복음을 전하는 것이지요. 이에서 더 큰 사랑은 없습니다.

 이것이야말로 진정 하나님께서 기뻐하시고 바라시는 하나님의 뜻이며 부활하신 주님의 지상명령(至上命令)인 것입니다.

> **마태복음**
> 28장 19~20절
>
> "그러므로 너희는 가서 모든 민족을 제자로 삼아 아버지와 아들과 성령의 이름으로 세례(침례)를 베풀고 내가 너희에게 분부한 모든 것을 가르쳐 지키게 하라"

참된 그리스도인이라면 행위 또한 함께하는 그리스도인이 되어야 합니다.

믿음과 행함은 마치 고무공과도 같은 것이지요.

고무와 공기가 함께 할 때 공이 만들어지듯 만약 둘이 분리된다면 그것은 온전한 공이라고 할 수 없을 것입니다.

야고보서 2장 14절
"내 형제들아 만일 사람이 믿음이 있노라 하고 행함이 없으면 무슨 유익이 있으리요 그 믿음이 능히 자기를 구원하겠느냐"

믿음은 수레바퀴와도 같습니다.

믿음이라는 바퀴와 행함이라는 바퀴가 나란히 함께 굴러가야 하는 것입니다.

이것이 바로 하나님이 기뻐하시는 온전(穩全)한 믿음인 것이지요.

야고보서 2장 26절
"영혼 없는 몸이 죽은 것 같이 행함이 없는 믿음은 죽은 것이니라"

예수님은 곧 우리의 주가 되시며 복음을 가르치시는 선생님이 되십니다.
(요13:13~15)

그러기에 우리는 예수님께서 가르치시고 본보여 주신 어느 것 하나도 절대 소홀히 넘길 수가 없는 것입니다.

"이것은 너희를 위하여 주는 내 몸이라 너희가 이를 행하여 나를 기념하라 (눅22:19)"

저녁 먹은 후에 잔도 이와 같이 하여 가라사대

"이 잔은 내 피로 세우는 새 언약이니 곧 너희를 위하여 붓는 것이라 (눅22:20)"

우리는 결코 내 생각이 아닌 하나님의 뜻에 따라 믿음으로 말씀에 순종하는 가운데 그리스도의 가신 길을 온 힘을 다해 따르는 자가 되어야 하겠습니다.

마가복음 1장 15절
"때가 찼고 하나님의 나라가 가까이 왔으니 회개하고 복음을 믿으라 하시더라"

"주 예수의 은혜가 모든 자들에게 있을지어다 아멘" (계22:21)

히브리서 9장 27~28절

"한 번 죽는 것은 사람에게 정해진 것이요 그 후에는 심판이 있으리니 이와 같이 그리스도도 많은 사람의 죄를 담당하시려고 단번에 드리신 바 되셨고 구원에 이르게 하기 위하여 죄와 상관없이 자기를 바라는 자들에게 두 번째 나타나시리라"

②부 맺는 글

귀한 만남
예수 그리스도

　인생이란 만남의 연속이기도 합니다. 어찌 보면 사람의 운명은 내가 만난 모든 사람의 영향을 압축해 놓은 것이라 해도 과언이 아닐 것 같습니다. 내가 누구를 만났는가에 따라 현재 뿐 아니라 다가올 미래의 운명에까지도 큰 영향을 미치게 되지요.

　부모를 잘 만난 사람은 그의 앞길이 여유롭고 순탄한 반면에 그렇지 못한 사람은 그런 사람에 비해 훨씬 더 어렵고도 힘겨운 삶을 살아가게 됩니다. 스승을 잘 만난 사람은 그 학문이나 재주를 크게 인정받아서 후대에까지 그 이름을 길이 남기는 경우도 있고, 때로는 친구를 잘 만나 한 순간에 인생이 바뀌고 운명이 바뀐 사람들도 부지기수로 많습니다. 그런가 하면 배우자를 잘 만나 단란한 가정을 꾸리고 행복한 삶을 살아가는 부부가 있는가 하면 또 어떤 부부는 허구한 날을 옥신각신 다투며 일생을 불화 속에서 살아가는 사람들 또한 꽤나 많이 있습니다.

　이렇듯이 만남이란 참으로 중요한 것 같습니다. 그러나 사람과 사람 사이의 만남보다도 더욱 중요한 만남이 있다면 그것이 곧 신앙의 만남이기도 하지요. 사람과의 만남은 일시적일 수도 있고 그 영향이 짧은 인생에 한정되어 있지만 신앙이란 그 영향이 현세뿐 아니라 사후에까지 미쳐 내 운명을 좌우하게 됩니다. 그러기에 올바른 종교의 선택은 너무나도 중요합니다. 아무리 강조해도 부족함이 있지요. 종교란 곧 우리네 영혼을 담보로 하기 때문입니다.

　　"사랑하는 자여 네 영혼이 잘됨같이 네가 범사에 잘되고 강건하기를 내가 간구하
　　　노라"
　　　　　　　　　　　　　　　　　　　　　　　　　　　　　　(요한삼서 1장 2절)

　우리가 이 땅에 태어나 일생을 고통과 슬픔 속에서 힘겨운 나그네의 삶을 살아가는 이유는 바로 우리 모두가 죄인이기 때문입니다. 우리는 육신의 옷을 입고 살아가는 동안 반드시 이 죄에 대한 문제를 해결하지 않으면 안 됩니다. 반드시 죄사함을 받고 구원을 받아야 합니다. 그것이 곧 우리가 이 땅에서 살아가는 존재 이유이고 목적이기 때문입니다.

"보라 지금은 은혜 받을 만한 때요 보라 지금은 구원의 날이로다"
(고린도후서 6장 2절, 후 반절)

그러기에 우리는 예수 그리스도를 만나야 하고, 그분을 알아야 하고, 반드시 그분을 믿고 영접해야 합니다. 그분의 말씀은 우리를 구원의 길로, 영생의 길로 인도하는 진리요, 생명의 말씀이기 때문입니다.

"예수께서 이르시되 내가 곧 길이요 진리요 생명이니 나로 말미암지 않고는 아버지께로 올 자가 없느니라" (요한복음 14장 6절)

역사가 시작된 이래 예수 그리스도만큼 인류에 절대적 영향력을 끼친 분도 다시 찾을 수 없습니다. 예수 그리스도는 역사를 기원 전, 후로 나누웠으며 종교를 비롯해 정치, 사회, 문화, 예술, 그 어느 한 부분도 그의 영향을 받지 않는 것은 세상에 거의 없습니다.
이제 우리는 예수 그리스도의 삶과 가르침이 나와는 어떤 관계이며 나의 운명과는 또 어떤 관계가 있는 지를 절대 알아야 합니다. 그 길만이 죄사함을 받고 구원에 이를 수 있는 단 하나의 유일한 길이고 통로이기 때문입니다. 지금껏 사람들이 그리스도를 만나서 삶의 목표와 방향이 바뀐 예는 수없이 많습니다. 그분은 지금 이 순간에도 그가 만나는 모든 사람들을 놀랍게 변화시키고 계십니다.

"그런즉 누구든지 그리스도 안에 있으면 새로운 피조물이라 이전 것은 지나갔으니 보라 새 것이 되었도다"
(고린도후서 5장 17절)

온갖 재난과 테러, 전쟁의 공포와 경제적인 불안정 등 단 하루도 편할 날이 없는 이 세상에 평화의 왕으로 오신 그리스도께서는 오늘도 그를 찾는 모든 사람들에게 여전히 다함이 없는 사랑으로 죄사함과 구원의 축복을 주고 계십니다. 죄인 된 인생들에게 값없이 조건 없이 베풀어 주시는 이 놀라운 구원의 선물이야 말로 오직 하나님의 실제기 되시며 참형 상이신 그리스도만이 주실 수 있는 가장 값지고 경이로운 선물입니다.

"너희는 그 은혜에 의하여 믿음으로 말미암아 구원을 받았으니 이것은 너희에게서 난 것이 아니요 하나님의 선물이라 행위에서 난 것이 아니니 이는 누구든지 자랑하지 못하게 함이라" (에베소서 2장 8~9절)

이제 당신께서도 당신의 모든 무거운 짐과 고통을 그분께 맡겨 보십시오, 당신의 삶속에 지금껏 느껴보지 못한 진정한 평안과 행복을 체험하시게 될 것입니다. 폭포수와 같은 넘치는 축복을 한없이 부어 주시리라 확신합니다. 당신께서도 속히 그분을 만나 삶의 새로운 의미와 행복을 찾게 되시기를 간절한 마음으로 기원드립니다.

"수고하고 무거운 짐진 자들아 다 내게로 오라 내가 너희를 쉬게 하리라" (마태복음 11장 28절)

아 멘

새 하늘과 새 땅

"주의 약속은 어떤 이들이 더디다고 생각하는 것 같이 더딘 것이 아니라 오직 주께서는 너희를 대하여 오래 참으사 아무도 멸망하지 아니하고 다 회개하기에 이르기를 원하시느니라 그러나 주의 날이 도둑 같이 오리니 그 날에는 하늘이 큰 소리로 떠나가고 물질이 뜨거운 불에 풀어지고 땅과 그 중에 있는 모든 일이 드러나리로다 이 모든 것이 이렇게 풀어지리니 너희가 어떠한 사람이 되어야 마땅하냐 거룩한 행실과 경건함으로 하나님의 날이 임하기를 바라보고 간절히 사모하라 그 날에 하늘이 불에 타서 풀어지고 물질이 뜨거운 불에 녹아지려니와 우리는 그의 약속대로 의가 있는 곳인 새 하늘과 새 땅을 바라보도다"

(베드로후서 3장 9~13절)

예수 그리스도의 계시라

"나 예수는 교회들을 위하여 내 사자를 보내어 이것들을 너희에게 증언하게 하였노라 나는 다윗의 뿌리요 자손이니 곧 광명한 새벽 별이라 하시더라 성령과 신부가 말씀하시기를 오라 하시는도다 듣는 자도 오라 할 것이요 목마른 자도 올 것이요 또 원하는 자는 값없이 생명수를 받으라 하시더라 내가 이 두루마리의 예언의 말씀을 듣는 모든 사람에게 증언하노니 만일 누구든지 이것들 외에 더하면 하나님이 이 두루마리에 기록된 재앙들을 그에게 더하실 것이요 만일 누구든지 이 두루마리의 예언의 말씀에서 제하여 버리면 하나님이 이 두루마리에 기록된 생명나무와 및 거룩한 성에 참여함을 제하여 버리시리라"

(요한계시록 22장 16~18절)

왜? 하나님은 창조주이신가? 확실한 증거 ❷

2012년 1월 20일 1판 1쇄 발행

글 쓰고 그린이 / 하지혜

펴낸이 / 임이록
사　　장 / 이문기
디자인 / 임철홍
펴낸곳 / (주)두레미디어
출판등록 / 2004년 6월 10일 (제51-1호)
주　　소 / 경기도 구리시 수택동 506-4 5층
전　　화 / 031. 564. 4100

ISBN　　978-89-6028-384-8 77230 (세트)
　　　　　978-89-6028-386-2 77230 (2권)

※ 작가와 협의에 의해 인지는 생략합니다.
　 잘못된 책은 구입하신 곳에서 교환 가능합니다.